现代逻辑基本概念和技术

翟玉章 著

河南人民出版社

图书在版编目（ＣＩＰ）数据

现代逻辑的基本概念和技术／翟玉章著．－郑州：
河南人民出版社，2020.12
ISBN 978 - 7 - 215 - 12655 - 8

Ⅰ．①现… Ⅱ．①翟… Ⅲ．①逻辑学 - 研究
Ⅳ．①B81

中国版本图书馆 CIP 数据核字（2020）第 269864 号

河南人民出版社 出版发行

（地址：郑州市郑东新区祥盛街 27 号 邮政编码：450016 电话：65788012）
新华书店经销　　　　　　　　河南大美印刷有限公司印刷
开本　889 毫米 × 1194 毫米　　　1／16　　　印张　7.5
字数　197 千字
2020 年 12 月第 1 版　　　　　　2020 年 12 月第 1 次印刷

定价：49.80 元

内容简介

　　本书介绍了有效推理和与此相关的一系列概念(矛盾句、有效句、语句间的蕴涵关系和等价关系),这些语句层面上的概念最终都可以借助语句模式的概念加以说明。本书还介绍了检验和证明语句模式有效性的技术,特别是主要运用于真值函项模式的真值分析法和运用于一般的量化模式的纯存在式方法和奎因方法。本书纠正了一些因袭性的概念错误并给予了正确解释,如相容选言句和不相容选言句的含义,蕴涵关系和条件句之间的区别和联系,等等。特别值得一提的是,本书花了三章的篇幅,从日常语言着手,将谓词、变项和量词这几个专业概念的来龙去脉交代得清清楚楚。本书适合用作各大院校的逻辑教材,也可供逻辑爱好者自修之用。

"Contrariwise," continued Tweedledee, "if it was so, it might be; and if it were so, it would be; but as it isn't, it ain't. That's logic."

——Lewis Carroll

"正相反，"叮当弟接着说，"如果曾经如此，则曾经如此；假如现在如此，则现在如此；但因为现在并不如此，所以现在并不如此。这是逻辑。"

——刘易斯·卡罗尔

序

这本书虽然是一本逻辑的入门书,篇幅也不长,但它却有许多不同于一般逻辑教材而特别值得推荐的地方。

第一,有系统。这本书直接点出逻辑的核心在于模式:一个推理是否有效由模式决定,一个语句是否具有某种逻辑特性——是否为逻辑真和是否为逻辑假(矛盾)——由模式决定,两个语句间是否存在某种逻辑关系——是否存在着蕴涵关系和是否存在着等价关系——也由模式决定。逻辑检验和证明的技术性细节便在这样的纲领下展开。这样有系统的介绍方式,可以帮助读者对逻辑这门学问形成高屋建瓴的认识。

第二,极精简。这本书对逻辑符号的使用很节制,介绍的几种逻辑技术也都相当容易上手,这摆脱了很多逻辑教材中因充斥着繁复的符号与技术而令人望而生畏的毛病。我特别推荐本书第四章中针对真函逻辑的真值分析法、第十四章和第十五章中针对谓词逻辑的纯存在式方法和奎因方法。

第三,很清晰。书中的措辞都极其严谨而精准,语句简短而易读,对概念和技术的解释不仅清晰通彻,而且条理分明,整本书则不枝不蔓,无一句废话。

第四,较深入。除了入门书应该包含的基本概念与基本技术之外,这本书还较为深入地说明了一些入门书应该说明但多半没有说明的内容。如:模式分析的层次与"肤浅分析原则"、自然语言与人工语言间的对应关系、奎因方法的可靠性与完全性、谓词逻辑的完全性与算术的不完全性。

第五,富于哲学性。这本书不仅是一本逻辑入门书,也是一本哲学性的逻辑书籍。作者在书中多处不着痕迹地点出了与逻辑相关的一些重要哲学问题,以及他在奎因影响下对这些问题的看法。这些问题包括:逻辑的本质是什么? 逻辑学与其他学科的主要界线(如果有的话)在哪里? 决定逻辑形式的逻辑词与其他非逻辑词间有何(如果有的话)本质上的差异? 逻辑真的自明性是由于逻辑词的意义而造成的吗? 矛盾律等逻辑基本规律在哲学上是否能够被辩护? (初阶)谓词逻辑的框架对于完整刻画这个世界是否已经足够? 如果已经足够,我们又要如何看待诸如高阶逻辑、模态逻辑、条件句逻辑这些形形色色的不同逻辑呢? 在这些问题的看法上,熟悉奎因的读者在这本书中应该不难看到奎因的身影。我和本书的作者相互认识已经有很多年了。他一直深爱着奎因的作品和思想。在我认识的华人学者中,还很难找到像他这样对奎因有深入了解的人。说他这本书是奎因在中国的代言产品,这样的说法应该不算过分,我相信作者也应该乐于接受。对这本书所隐藏的哲学观点有兴趣的读者,可以仔细阅读本书以附录形式收入的一篇奎因本人的文字。

以上这些优点,使这本书已经真正达到了一本通识性读物所追求的深入浅出的境界。

为了负责任地推荐这本书,我仔细地阅读了它的每一个字词。看完之后,我觉得我可以放心地向大家推荐这本书。事实上,就连像我这样在大学中已经教了约20年逻辑课的教师,在阅读完全书之前,就已经迫不及待地向作者预约出版的成果,以作为我未来继续授课的主要教材之一。我因而不只把这本书推荐给逻辑的初学者,也同时推荐给逻辑的教师同业们。

王文方

2020 年 5 月 25 日

(王文方,美国爱荷华大学(University of Iowa)哲学博士。台湾阳明大学特聘教授及心智哲学研究所教授,苏州大学讲座教授,东吴大学、台湾交通大学、南京大学现代逻辑与应用逻辑研究所、西南大学逻辑与智能研究中心兼职教授。中国逻辑学会常务理事,国际 LORI 会议常务理事。主要研究逻辑哲学、数理逻辑、形上学、语言哲学、形式化知识论、元哲学、中西比较哲学与 AI 哲学。)

目　录

导读:有效推理就是肯定前提而否定结论会导致矛盾的推理。有效推理中前提或前提的合取(即用"而且"联结各个前提而形成的复合句)蕴涵结论。无论在日常交流还是在科学研究中,有效推理或蕴涵关系都是我们的信念系统得以自圆其说的重要手段。

导读:一个语句是矛盾句,当且仅当它是某个矛盾模式的例句,而矛盾模式则是所有例句都为假的语句模式。同一个语句所属的语句模式可以不止一个,它们各自刻画了不同层次的逻辑结构。

导读:真值函项联结词是如此这般的语句联结词,以致由它联结各成分句而成的复合句,其真值完全取决于其成分句的真值的有序组合。常见的真值函项联结词有"并非"(-)、"而且"(·)、"或者"(∨)、"如果"(→)和"当且仅当"(↔)。真值函项模式包括"p""q"等单个的语句字母,以及由真值函项联结词联结这些单个字母而成的复合模式。在对真值函项模式的语句字母进行替换以形成其例句或子模式时,相同的语句字母只能替换以相同的语句或模式。

导读:将一个真值函项模式中的所有语句字母分别代之以真值为真的语句和真值为假的语句,如果得到的结果一律都是真值为假的语句,则此真值函项模式为矛盾模式;如果得到的结果一律都是真值为真的语句,则此真值函项模式为有效模式。

导读:一个推理是真函有效推理,如果肯定各前提并否定结论而形成的复合句是某个矛盾的真值函项模式的例句。定义中所说的复合句所从属的某个真值函项模式是不是矛盾的,可以用真值分析法来检验。我们还可以检验以推理中的各前提的合取为前件、以结论为后件的条件句是不是某个有效的真值函项模式的例句,并得出该推理是否有效的结论。

　　导读:两个模式之间的前一个蕴涵后一个,如果以前一个为前件、后一个为后件的条件模式是有效模式。两个模式之间是等价的,如果以这两个模式为成分的双条件模式是有效的。要表明两个真值函项模式之间存在着蕴涵关系,除可以用真值分析法来检验相应的条件模式的有效性外,还可以尝试证明:以前提模式为出发点,一步一步地推导出结论模式(直接证明法),或从肯定前提模式和否定结论模式开始,一步一步地推导出某个矛盾模式(间接证明法)。

　　导读:谓词的逻辑功能是用来描述对象。谓词有一位谓词和多位谓词之分:一位谓词用来描述单个的对象的性质,多位谓词则用来描述多个对象之间的关系。谓词相当于日常语言中的普通名词、动词、形容词和介词短语,它们可以一律改写为普通名词的形式。

　　导读:所有谓词都可以写成谓词提取的形式:{x:…x…}(一位谓词:如此这般的 x 以致…x…)、{xy:…x…y…}(二位谓词:如此这般的 x 和 y 以致…x…y…),等等。其中的前缀"x:""y:"等等,大致相当于关系从句中的关系代词,"x""y"等等被"x:""y:"等等所约束的字母,则被称为约束变项,相当于关系从句中回指关系代词的代词。如果"x""y"等等没有受到"x:""y:"等等的约束,则被称为自由变项,相当于日常语言中指称不明的代词。日常语句中出现的代词,很多其实只起避免首语重复的作用。

　　导读:常用的量词有两个:全称量词和存在量词。全称概括句"∀{x:…x…}"("所有对象是如此这般的 x 以致…x…")和存在概括句"∃{x:…x…}"("有些对象是如此这般的 x 以致…x…")的前缀"∀{x:"和"∃{x:"分别被称为全称量词和存在量词,简记为"∀x"和"∃x"。将所有语句改写成"所有对象都是如此这般的以致…"或"有些对象都是如此这般的以致…"这样的形式,这是现代逻辑中的一项非常重要的内容。

导读：量化模式包括"p""q"等等语句字母和"Fx""Gxy"等等附以变项的谓词字母，以及由这些原子模式通过真值函项联结词和量词复合而成的语句模式。一个量化模式是有效的，当且仅当该模式在任何非空对象域中的任何例句对自由变项的任何取值都是真的。

导读：量化模式的替换涉及谓词字母和语句字母的替换。被替换上来的谓词（或谓词模式）的提取形式中的约束变项不得与替换下去的谓词字母的后缀变项相同（规则一），而提取形式中的自由变项也不得为原模式中的量词所约束（规则二）。被替换上来的语句（或语句模式），由于不是谓词和谓词模式，因而没有遵守规则一的问题，但仍要遵守规则二。

导读：移置规则指导我们如何将不受量词管辖的真值函项联结词进行移置，使之接受管辖。这种移置有时会伴随量词类型的变化，要引起特别重视。反复运用移置规则，可以将任何模式转换成与之等价的量词前置模式，包括标准前置式：量词全部置前并管辖所有剩余的部分。

导读：如果量化模式可以被转换成全称量词在前、存在量词在后的标准前置式，就可以用纯存在式方法来检验其有效性：将全称量词全部去掉，得到纯存在式，再将此纯存在式的基体模式中的原约束变项替换以原来的自由变项（如果纯存在式中不含自由变项，可以随意指定一个字母）。考察由此得到的所有真值函项模式的析取，原量化模式是否有效完全取决于此析取模式是否有效。纯存在式方法适用于所有一位量化模式，但并不适用于有些多位量化模式。

导读：奎因方法直接证明的是模式的矛盾性，但可以转换成对有效性的证明。要证明一个模式的有效性，只需证明其否定式是不一致的。奎因方法的操作：将有待证明为矛盾的一组模式统统转换为标准前置式，必要时更改约束变项，采用与自由变项不同的字母。然后反复进行存在例化和全称例化，其中存在例化选用前面各行中不曾出现的新字母，直到产生一组不一致的真值函项模式为止。

导读:只要运用奎因方法能从一个模式的否定式中产生出一组互相矛盾的真值函项模式,那么这个模式就是有效的。这是奎因方法的可靠性。反过来,如果运用奎因方法不能从一个模式的否定式中推导出任何一组不一致的真值函项模式,那么这个模式就是无效的。因此,任何有效的量化模式,其有效性都可以通过奎因方法得到证明。这就是奎因方法的完全性。谓词逻辑的完全性和数学系统的不完全性形成了鲜明对照。后者最早是由哥德尔提出来的,被称为哥德尔不完全性定理,它对数学的传统形象冲击极大,人们不再能想当然地认为数学中的任何真理都是可以得到证明的。

导读:含有单独词项的语句同样可以纳入到谓词逻辑的框架,方法是将单独词项一律改造成摹状词,再用罗素的摹状词理论进行语境解释,结果是使单独词项全部消失,而让位于谓词、量词和变项。这一解释方案提供了对涉及单独词项的推理的实际处理方法的理论基础。在操作层面,我们只需要把单独词项看成是一个自由变项即可。如果要处理的单独词项是摹状词,必要时可以添加一两个用自由变项表达的摹状前提。表示等同关系的二位谓词"＝"是唯一可以进入逻辑模式的谓词(其他谓词都虚化成了谓词字母)。这样做是合理的,因为将关于等同关系的两个公理加进谓词逻辑证明系统中,不会影响到系统的可靠性和完全性。

第一章 有效推理和矛盾

关于"逻辑"一词的外延,在逻辑学家之间是有争议的,但他们一致同意它应该包括对演绎推理的研究。对演绎推理的系统研究可以追溯到古希腊哲学家亚里士多德。在有效的演绎推理中,结论可以从前提中必然地推导出来。这也是一般读者心目中的逻辑形象:逻辑就是关于从某个前提(或某组前提)中是否能必然地推出某个结论的学问。

19世纪以来,随着符号化方法的引入,对演绎推理的研究已经有了长足的进展,在广度、深度和精确性方面都远远超越了传统逻辑。无论在基本概念的阐明,还是在具体的逻辑技术方面,传统逻辑的成就尽管大体说来仍是站得住脚的,但在现代逻辑面前已经完全过时。传统逻辑能做到的事情,其中最醒目的是对三段论推理的处理,现代逻辑都能做到,而且能做得更好;现代逻辑还能做传统逻辑做不到的事情,其中最值得一提的是,它可以用来处理关系推理,而且它对关系推理和对三段论推理(属于性质推理)的处理是基于同样的原理。

作为一本入门读物,本书将介绍演绎推理中的有效性概念,以及检验或证明推理有效性的基本技术。在这开篇的一章中,我们先初步地谈一谈有效推理的概念,以及有效推理在信念调整中的作用。

下面这两个推理都是有效的演绎推理。

(1)前提一:小明或高或帅。

  前提二:小明不高。

  结论:小明帅。

(2)前提:有人爱所有的人。

  结论:所有人都有人爱。

从直觉上说,这两个推理的有效性都在于:如果你肯定前提,你就不能否定结论,否则就会导致矛盾。在(1)中,如果你承认小明或高或帅,也承认小明不高,但却同时否定小明帅,那你就是既认为小明或高或帅,又认为小明不高也不帅。这明显是个矛盾。在(2)中,如果你承认有人爱所有的人,但却否定所有人都有人爱,这同样也是矛盾的,虽然要说清楚这里的矛盾,要比(1)费些周折。既然有人爱所有的人,让我们假定这人是张三;既然并不是所有人都有人爱,那一定有人不被任何人所爱,假定这个人是李四。既然李四并不被任何人所爱,那么他自然也不会被张三所爱。这样一来,张三并不爱所有的人。这里就产生了矛盾:张三既爱又不爱所有的人。

反过来说,如果一个推理是无效的,那么肯定前提并否定结论并不会产生矛盾。我们以下面两个无效推理加以说明。

(3)前提一:小明或高或帅。

  前提二:小明高。

  结论:小明不帅。

(4)前提:所有人都有人爱。

  结论:有人爱所有的人。

在(3)中,肯定前提并否定结论,会使你认为小明或高或帅,而且又高又帅;显然,或高或帅和又高又帅这两者之间并没有矛盾。在(4)中,肯定前提并否定结论,会使你认为虽然所有的人都被某人所爱,但并不存在爱所有人的人,这两者同样是不矛盾的。为说明这一点,只需要考虑下面的简单情形。假定只有3个人a、b、c,其中a只为b所爱,b只为c所爱,c只为a所爱,显然这一情形既肯定了"所有的人都有人爱"这一前提,同时又无矛盾地否定了"没有人爱所有的人"这一结论。

如果一个推理是有效的,我们就说该推理的前提或前提的合取(即用"而且"联结各个前提而形成的复合句)蕴涵结论;反之亦然:说一个语句蕴涵另一个语句,也就是说以第一个语句为前提、以第二个语句为结论的推理,是一个有效推理。因此,在上面关于张三的例子中,我们既可以说,从前提"张三或高或帅"和"张三不高"到结论"张三帅"的推理是有效推理,也可以说,语句"张三或高或帅,而且张三不高"蕴涵语句"张三帅"。这两种说法是一回事。同样地,在上面关于爱的例子中,我们既可以说,从前提"有人爱所有的人"到结论"所有人都有人爱"的推理是有效推理,也可以说,语句"有人爱所有人"蕴涵语句"所有人都有人爱"。这两种说法也是一回事。

因为在有效推理中,肯定前提而否定结论会导致矛盾,所以,如果我们不想陷入矛盾,那么在肯定前提时就必须要肯定结论。在这个意义上,我们说演绎推理是必然性推理,即有效演绎推理中的结论相对于前提而言是一定("必")正确的("然")。

有效推理或蕴涵关系是我们的信念系统得以自圆其说的重要手段。如果我们看出一个语句能从我们相信为真的一组语句中所推出,我们就得相信它是真的。如果我们不愿相信它为真,就得改变我们对参与推出它的某个语句的信念。同样地,如果我们看出一个语句的否定句能从我们相信为真的一组语句中所推出,我们就得相信这个语句是假的。如果我们不愿相信它是假的,就得改变我们对参与推出它的否定句的某个语句的信念。这些做法的动机是很单纯的,那就是拒绝矛盾;看出一个语句能从我们相信为真的一组语句中所推出,但仍然否定这个语句,或者看出一个语句的否定句能从我们相信为真的一组语句中所推出,但仍然肯定这个语句,都会陷我们于矛盾中。拒绝矛盾是健全思维的最起码的要求。

深奥的科学理论之所以能和我们直接观察到的东西发生联系,也完全是靠了蕴涵关系的帮助。当我们用科学理论解释或预测某类可观察的现象时,我们其实是在科学理论和描述这类现象的语句之间建立有效推理或蕴涵关系,比如从分子运动论及其他我们所承认的前提中推导出"物体热胀冷缩"的结论。当我们检验一个科学理论时,通常只能间接地检验这个理论所蕴涵的像"物体热胀冷缩"这样的可观察结论,因为理论本身所描述的东西(分子、原子、染色体之类的微观对象和太阳系、河外星系、黑洞之类的宇观对象)是我们根本无法观察到的。

上面对有效推理和无效推理的说明只是初步的。有效推理就是肯定前提而否定结论会导致矛盾的推理,无效推理就是肯定前提而否定结论不会导致矛盾的推理。很好。但什么是矛盾呢?我们并没有对此作出进一步的阐明,而是求助于读者的直觉。

对于一个有效推理,我们只要接受了其前提,就必须接受它的结论;否则的话,我们将会陷入矛盾中。但这里有一个问题产生了:陷入矛盾有什么不好呢?我们为什么应该拒绝矛盾呢?

还有,我们以上所举的有效推理和无效推理的例子,肯定前提并否定结论会不会导致矛盾都是一目了然的。卡罗尔的例子,即从"现在并不如此"推导出"现在并不如此",则更加一目了然。但也有很多矛盾句,以及与之对应的有效推理,并不是这样一目了然的,这就需要专门的逻辑技术来帮助我们作出判断。

因此,如果你想更深入地了解基本的逻辑概念和技术,就请继续往下阅读这本小书吧。

复习思考题一

1. 什么是有效推理？

2. 关于有效推理，下面这个关于苏格拉底的三段论是一个屡屡被举的例子。请对这个例子的有效性作出说明。

前提一：所有人都会死。

前提二：苏格拉底是人。

结论：苏格拉底会死。①

3. 如何利用有效推理或蕴涵关系调整我们的信念？

---

① 关于这个推理，本书最后一章将做详细的分析。

第二章　矛盾句和矛盾模式、逻辑结构的层次性

我们已经指出,推理的有效性就在于肯定前提而否定结论会导致矛盾。因此,要说明上一章中所举的两个例子是有效的,就要说明下面两个通过肯定前提而否定结论所形成的语句是矛盾的。

(1)小明或高或帅,而且小明不高,而且小明不帅。

(2)有人爱所有的人,而且并不是所有人都有人爱。

当然,这两个语句的矛盾性,从直觉上看是一目了然的。但说它们是矛盾的,究竟是什么意思呢?

让我们先将这两个例句放一放,而来看看下面这个最简单的矛盾句。

(3)中国是亚洲国家,而且中国不是亚洲国家。(可以更加流利地表述成:中国既是亚洲国家又不是亚洲国家。)

这个语句是由一个语句及其否定句用"而且"联结起来的合取句,因此它的结构可以写成:

(4)(　　　),而且并非(　　　)。

(4)本身并不是语句,而是一个语句模式。只要其中的括号被替换成语句,便能形成一个语句。这样形成的语句可以称为该语句模式的一个例句。(3)就是模式(4)中的"(　)"被"中国是亚洲国家"替换而形成的例句。

很显然,模式(4)的所有例句,一律都是假的;这就是所谓的矛盾律:任何语句及其否定句的合取句是假的。这样的语句模式,即所有例句都为假的语句模式,我们称为矛盾模式或不一致模式。一个语句是矛盾句,当且仅当它是某个矛盾模式的例句。我们之所以要拒绝矛盾,理由就在这里。矛盾句是假的(可以称为逻辑假),以追求真理为己任的人当然要拒绝之。有些矛盾是一望而知的,(3)就是如此,(1)和(2)相信对我们的读者来说也是如此;即使不那么自明的矛盾,原则上我们也可以通过逻辑技术的帮助来表明它们确实是矛盾的。因此,拒绝矛盾不但应该,而且是可以做到的。

现在,我们对于语句(3)的矛盾性已经了解了,它的矛盾性在于它是矛盾模式(4)的例句。但我们说(1)和(2)也是矛盾句,那么它们分别是哪个矛盾模式的例句呢?

先看(1)的情况。(1)看上去是三个语句通过"而且"联结而形成的,因此,它是下面这个模式的例句:

(5)p,而且 q,而且 r。

其中斜体的小写字母"p""q""r",被称为语句字母,起着括号的作用,用来标出模式中的语句位置。这个模式当然也可以写成:

(6)（　），而且[ ]，而且{ }。

但很显然，用括号标出成分句的位置，不及用字母来得简明；因此，我们今后将采用字母来标出模式中的语句位置。

值得注意的是，要将这个模式(5)与下面的模式相区别：

(7)p，而且 p，而且 p。

这两者的区别在于，(5)的例句的范围更广。(7)的例句中的三个成分句必须是相同的语句；(5)的例句中的三个成分句却不必如此，它们可以是相同的语句，也可以是不同的语句。从模式形成例句的一般规则是：同样的字母必须被替换以相同的语句，而替换不同字母的语句可以相同也可以不同。(5)和(7)的区别相当于数学中"x + y + z"和"x + x + x"这两个代数式的区别：作为"x + x + x"的例子(比如："3 + 3 + 3""(5 - 7) + (5 - 7) + (5 - 7)"等等)，其中的三个加数表达式必须相同；但作为"x + y + z"的例子，其中的加数表达式可以相同，也可以不同。我们的模式可以称为代句式，就像"x + y + z""x + x + x"这样的数字表达式被称为代数式一样。

回到对(1)的分析上来。现在我们知道，它是模式(5)的例句。但这个模式是矛盾的吗？只要我们将这个模式中的三个字母替换以三个真语句，便可形成一个真语句，比如：中国是亚洲国家，而且英国是欧洲国家，而且秘鲁是美洲国家。这样一来，(5)的所有例句不全是假的，因此根据我们的定义，(5)并不是一个矛盾模式。

但我们是不是应该得出结论：既然(1)所从属的模式(5)并不是矛盾的，所以(1)并不是一个矛盾句？难道我们关于(1)是一个矛盾句的直觉错了吗？

当然不是这样的。问题出在我们的分析并不充分。(1)诚然从属于(5)，但还从属于其他模式，其中有些比(5)更简单，有些比(5)更复杂。更简单的模式："p"(任何语句都从属于这个模式)、"p 而且 q"(用"小明或高或帅，而且小明不高"替换"p"，用"小明不帅"替换"q"，便可得到(1))。更复杂的模式："p 或者 q，而且 r，而且 s"(p：小明高；q：小明帅；r：小明不高；s：小明不帅)、"p 或者 q，而且并非 p，而且并非 q"(p：小明高；q：小明帅)。

我们将会看到，最后一个模式：

(8)p 或者 q，而且并非 p，而且并非 q。

是一个矛盾模式(具体分析见第四章)。由于(1)可以看成是它的例句，因此终究是一个矛盾句。

以上分析给我们的启示是：语句的逻辑结构有浅层和深层之分。(5)刻画的只是(1)的比较浅层的结构，(8)刻画的是比较复杂的结构。如果我们对某个语句的结构只作浅层分析，就可发现它从属于某个矛盾模式，就可以说这个语句是个矛盾句，而无需深入分析下去。这就是所谓的浮浅分析原则。但如果我们的浅层分析并没有发现矛盾模式，那是不足以作出否定结论的；我们的分析必须继续下去，直到分析出它所从属的最终模式为止。如果这个最终模式仍然不是矛盾模式，这时我们才可以说被分析的语句确实不是矛盾句。

(8)在某种意义上是(1)所从属的最终模式。如果分析的最小单位是语句，那么分析出(8)以后，确实无法再深入下去了，因为它已经详尽无遗地刻画了作为复合句的(1)的各个成分句之间的关系。它是这样得出来的：我们找出(1)中最简单的不相同的成分句"小明高""小明帅"，并且用不同的字母"p""q"分别替换它们。由于这两个成分句分别出现在两处不同的位置(后一处是被否定的)，我们就在这两处不同的位置都替换以相同的字母(后一处也同样要被否定)。

但有很多矛盾句,如果我们对它的分析只进行到语句层面,其矛盾结构是不会显现出来的。(2)就是一个例子。在语句层面上,它的终极结构是一目了然的:"p 而且并非 q"(p:有人爱所有人;q:所有人都有人爱)。虽然这个模式并不是矛盾的,但(2)仍是矛盾句。要说明(2)的矛盾性,我们的分析就不能止步于语句层面,还得进一步深入下去,深入到语词层面(见第八章及以后)。

从下一章开始,我们将开始比较系统地研究语句模式及其性质。语句模式是由逻辑词汇(我们已经接触到了其中的"并非""而且""或者")和模式字母(我们已经接触到了"p""q""r"等标示语句位置的语句字母)所组建而成的代句式,旨在刻画语句的逻辑结构。我们将分两步走。首先,我们介绍真值函项模式,它们是由所谓的真值函项联结词(以上三个联结词都是真值函项联结词)和代表语句的字母("p""q""r"…)所形成的代句式。然后,我们将介绍更加复杂的模式。其复杂性主要体现在以下两个方面:第一,出现在这些模式中的不仅可以有真值函项联结词,而且还可以有所谓的量词(相当于日常语言中的"有些""所有")和变项(相当于日常语言中的无明确所指的代词"它")。第二,出现在这些模式中的最简单的模式,不仅可以是语句字母,还可以是以变项为后缀的谓词字母。上一章中的推理(2)的有效性,以及这一章中与之对应的语句(2)的矛盾性,只有在将它们纳入到这样的复杂模式后才能得到说明。

复习思考题二

1. 什么是语句模式?请举例说明。
2. 什么是矛盾模式?它和矛盾句的关系是怎样的?请举例说明。
3. 请分析矛盾句"中国是亚洲国家,而且中国不是亚洲国家"在语句层面上所从属的所有模式,这些模式都是矛盾模式吗?(令:p:中国是亚洲国家,而且中国不是亚洲国家。q:中国是亚洲国家。r:中国不是亚洲国家。)

第三章　真值函项联结词和真值函项模式

我们已经接触了三个真值函项联结词,即"并非""而且"和"或者"。现在我们就来解释,说它们是真值函项联结词是什么意思。我们先来解释"真值"一词的含义。只有语句才有真值:真值真或真值假。具体定义如下:一个语句的真值等于真(T),当且仅当该语句是真的;一个语句的真值等于假(F),当且仅当该语句是假的。根据以上定义,很显然,语句"雪是白的"由于是真的,所以它的真值等于真;而语句"2+3=100"由于是假的,所以它的真值等于假。"真值"这个词没有任何弦外之音,它只是出于叙述的方便而引进的一个技术术语;如果读者觉得语句的真值太不着边际了,远不如语句的长度来得实在,可以随时将提到真值的语句还原为更熟悉的说法。提到真值的语句"'雪是白的'这个语句的真值等于真",和没有提到真值的语句"'雪是白的'这个语句是真的",这两个语句的意思是完全一样的。

说一个语句联结词是真值函项联结词,就是说,该联结词所形成的复合句是成分句的真值函项。但说一个联结词联结成分句所形成的复合句是成分句的真值函项又是什么意思呢? 说一个联结词联结成分句所形成的复合句是成分句的真值函项,也就是说,该联结词联结成分句所形成的复合句的真值是成分句的真值的函数(函项),也即复合句的真值完全取决于成分句的真值的有序组合。"并非""而且"和"或者"这些联结词就是这样的联结词,具体地说,就是:"并非"句(否定句)的真值和分句的真值正好相反;"而且"句(合取句或联言句)的真值在所有分句(合取肢或联言肢)的真值都为真的时候为真,否则为假;"或者"句(析取句或选言句)的真值在所有分句(析取肢或选言肢)的真值都为假的时候为假,否则为真。

需要指出的是,"或者"这个联结词具有歧义性。以上给出的只是它的相容性含义,但它有时用来形成所谓不相容的选言句,其真值在正好有一个成分句的真值为真时为真,否则为假。日常语言中的绝大多数选言句都可以解释为相容的选言句,只能解释为不相容性的选言句的例子是比较少见的。① 因此,一般的逻辑书中,只有相容含义的"或者"有专门的逻辑记号:"∨"。我们一会儿将能看到,不相容性的"或者"可以由相容性的"或者"和其他联结词加以定义。

"并非"的专门记号是"－"。如果运用于单个的字母,可以将短杆直接置于字母之上,比如"$\bar{p}$"。

---

① 有些逻辑书在说明不相容的析取句时,会举"5大于3,或者5等于3""不是东风压倒西风,就是西风压倒东风"这样的例子。但由于这些例子中的两个分句的含义是互相排斥的,所以不会出现两个成分句都为真这种情况。而在其他每一种情况下,相容析取句和不相容析取句的真值都是一样的。故以两个互相否定的语句为成分句的析取句可以随意地理解为相容的或不相容的。下面的这个"要么…要么…"句,才是一个根据语境只能被解释为不相容析取句的例子:一对情侣出外旅游,女方一会儿提出要去雁荡山玩,一会儿又提出要到五台山玩,男方颇为不耐,于是说:"亲爱的,我们的钱不是很宽裕,不能什么地方都去。我们要么去雁荡山,要么去五台山。"显然,如果他们去了一个地方而没有去另一个地方,这句话是真的;而如果他们两个地方都去了或两个地方都没有去,这句话是假的。

"而且"的逻辑记号,很多书中采用"∧",但本书将仿照数学中对乘法的处理,省去其专门记号,而将合取句的成分并列地书写。因此,"p 而且 q"被记为"pq",而它的例句"雪是白的而且 $2+2=4$"则被记为"雪是白的 $\cdot$ $2+2=4$"或"(雪是白的)($2+2=4$)"。

享有专门记号的真值函项联结词,除了以上所说的三个外,还有另外两个,它们的专门记号和含义分别如下:

"→"(相当于日常语言中的"如果…那么…"):由这个联结词联结两个分句所形成的复合句称为条件句,或干脆称为"如果"句,位于"如果"和"那么"之间的分句被称为条件句的前件,"那么"后面的分句被称为条件句的后件。

我们知道,由两个分句复合而成的合取句,只有在两个分句都为真时才为真,否则就是假的;由两个分句复合而成的析取句,只有在两个分句都为假时才为假,否则就是真的。对合取句和析取句的真值条件的规定,完全符合我们的直觉。现在,让我们研究一下条件句在什么情况下为真,什么情况下为假。一般的读者对这个问题一定会感到唐突。在日常语言中,当有人说出一个条件句时,无论是他本人,还是他的听众,都只会认为他对后件作出了一个有条件的断定,而不会认为他对整个条件句作出了断定。例如,如果我说:

(1)如果明天天气好,那么我就去爬山。(明天天气好→我明天爬山)

而到了明天,天气确实是好的,这时我就感到我必须去爬山;如果我没有去爬山,那么我便是作出了一个没有兑现的承诺。但如果到了明天,天气并不好,这时我无论有没有去爬山,都无所谓,都不会被认为违背了承诺。除此之外,问到整个条件句是真是假,都只会令人感到困惑。

但我们不必对以上的日常实践亦步亦趋;相反,如果我们规定每个语句,包括条件句在内,都必须有一个真值,那将可以使我们的逻辑理论更加简单和平顺。而且,严格说来,当我们赋予条件句以真值时,并不违背已有的日常实践,我们只是在日常实践缺席的地方有所作为,填充日常实践中的真值空隙。现在,就让我们本着这一精神,来对整个条件句的真值条件作出规定。

当条件句的前件为真时,以上的日常实践提示我们,整个条件句在后件为真时为真,在后件为假时为假,前件为真的条件句的真值和后件的真值是一样的。当条件句的前件为假时,日常实践并没有明显的提示。我们规定,当条件句的前件为假时,整个条件句一律都是真的。综合起来就是:一个条件句在前件为真而后件为假时为假,否则为真。关于这一规定或定义的合理性,我们将在后面的第十章中加以进一步地说明。

根据以上定义,(1)为假的条件是:明天天气好,而且我明天没有爬山。而在其他情况下这个语句都是真的。与(1)等价的说法是:

(2)明天天气好而且我明天没有爬山,这并不是事实。

"$p \to q$"是与"$-(p\bar{q})$"等价的,"如果 p 那么 q"就是"并非(p 而且并非 q)"。

"↔"(相当于日常语言中的"当且仅当"):由这个联结词联结两个分句所形成的复合句称为双条件句,或干脆称为"当且仅当"句。一个双条件句在两个分句同时为真或同时为假时为真,否则为假。更简单地说,一个双条件句为真的条件是两个分句具有相同的真值。下面是一个例句:

(3)他们将把这批货发给你,当且仅当你把货款寄给他们。(他们把这批货发给你↔你把货款寄给他们)

根据定义,(3)为真的条件是:他们把这批货发给你而且你把货款寄给他们,或者他们没有把这批货发给你,而且你也没有将货款寄给他们。

在已规定了条件句的真值条件的背景下，双条件句的真值条件是不难理解的。"$p \leftrightarrow q$"就是"$(p \rightarrow q)(q \rightarrow p)$"。根据条件句的真值条件，"$p \rightarrow q$"在"$p$"真、"$q$"假时为假，"$q \rightarrow p$"在"$q$"真、"$p$"假为假，因此"$(p \rightarrow q)(q \rightarrow p)$"（也就是"$p \leftrightarrow q$"）在"$p$"和"$q$"具有不同的真值时为假，否则就是真的。

在日常语言中，形成否定句、合取句、析取句、条件句和双条件句的联结词是多种多样的。读者从前面所举的析取句的例子，已经可以看到这一点了。析取句中的联结词可以是"或者"，也可以是"不是…就是…"，也可以是"要么…要么…"，还可以是"除非"（比如，"你不会准时出席会议，除非你坐出租车前往。"）。但所有这些联结词，从逻辑上看都是同一个联结词"$\vee$"。同样地，"而且""但是""尽管"的逻辑含义也是一样的，它们所形成的复合句都是合取句。在逻辑推理及对逻辑推理的评估中，我们需要准确地识别它们，并将它们用专门的记号来表示。

真值函项联结词当然不止这五个，但我们可以报告大家一个好消息，这五个联结词已经足够了，其他的真值函项联结词都可以用它们加以定义。我们前面谈到过两种含义的"或者"，其中的一个，即相容性的"或者"，有专门的记号"$\vee$"。现在我们来定义不相容性的"或者"。为便于讨论，让我们将与相容"或者"句"$p \vee q$"相区别的不相容"或者"句记为"$p \veebar q$"。

首先，让我们明确，"$\veebar$"也是真值函项联结词，因为"$p \veebar q$"的真值，也完全取决于成分句的真值；具体说来就是：当"p"真、"q"假时为真，当"p"假、"q"真时也为真，而当"p"和"q"都为真或都为假时为假。

显然，"$p \veebar q$"和"$p \vee q$"的区别仅仅在于对"p"和"q"都为真这种情况的处理上。"$p \veebar q$"将这种情况处理为假，"$p \vee q$"则处理为真。因此，使"$p \veebar q$"为真的情况，是那些使"$p \vee q$"为真的情况减去"p"和"q"都为真这种情况。根据这一分析，"$p \veebar q$"相当于同时肯定"$p \vee q$"和否定"pq"，因此可以改写成"$(p \vee q) - (pq)$"。其实，这也正是日常语言中对有歧义的"或者"的处理方式。为了防止不相容选言句"p 或者 q"被误解成相容选言句，我们可以更明确地说"p 或者 q，但并非 pq"；同样地，为了防止相容选言句"p 或者 q"被误解成不相容选言句，我们可以更明确地说"p 或者 q，或者 pq"①。

进一步地，即使这五个有专门记号的联结词，从理论上讲，也是过分奢侈了。从理论上讲，我们只需要其中的两个，即"并非"和"而且"②。"或者"句、"如果"句、"当且仅当"句，都可以用这两个联结词加以改写。我们在本章早些时候已经见过一个改写的例子了，即将"$p \rightarrow q$"改写成"$-(p\bar{q})$"，其他两个联结词的改写方案也不难理解："$p \vee q$"可以改写成"$-(\bar{p}\bar{q})$"，"$p \leftrightarrow q$"可以改写成"$-(p\bar{q}) - (\bar{p}q)$"。

虽然这三个联结词从理论上讲是多余的，它们能做的一切，借助于其他两个联结词都可以做到，但它们自有其存在价值。首先，它们能使我们更简捷地表达我们的思想，而且表达出来的思想也很容易明白。虽然"如果明天天气好，那么我就去爬山"和"明天天气好而且我明天没有爬山，这并不是事实"是等价的，意思完全一样，但我相信大家宁愿采用前一个表达，后一种表达太别扭，有些听众甚至还听不懂。但应用上的方便性，并不是它们得以在逻辑专门记号中有一席之地的原因。许多其他真值函项联结词，比如"既非…也非…"，还有前面说过的不相容意义上的"或者"，使用起来也很方便，但在我们这里并没有专门的记号。

---

① "p 或者 q，但并非 pq"和"p 或者 q，或者 pq"在英语中有更简捷的表达方法，分别是"p or q, but not both"和"p or q, or both"。

② 也可以是"并非"和"或者"，或"并非"和"如果"。

我们在下面的两章中将会看到,这三个联结词不仅有日常使用上的价值,更有逻辑技术上的价值。这才是它们享有专门的逻辑记号的真正原因所在。

并不是所有的语句联结词都是真值函项联结词。"因为"就是一个非真值函项联结词。假定下面的例句:

(4)因为我感冒了,所以我今天没有去上班。

是真的,显然,这时其中的两个成分句"我感冒了"和"我今天没有去上班"都得为真。但并不是所有其分句都为真的"因为"句都是真的。为了说明这一点,我们再看下面的例句:

(5)因为 2+2=4,所以雪是白的。

尽管每个人都知道其中的两个分句——"2+2=4"和"雪是白的"——都是真的,但不会有人认为这个复合句是真的,因为这两个分句所描述的事情之间根本就没有因果关系。

以上分析说明,"因为"句的真值并不完全取决于成分句的真值的有序组合:有些分句都为真的"因为"句是真的,而有些分句都为真的"因为"句则是假的。所以"因为"不是一个真值函项联结词。

除了"因为"外,虚拟条件句中的"如果"也不是真值函项联结词;如果是的话,根据上面所陈述的真值条件,所有的虚拟条件句,由于前件都为假,就该都是真的,但情况显然并不是这样。为了与虚拟条件句相区别,我们可以将真值完全取决于分句真值的有序组合的条件句称为实质条件句。

将副词"必然地"(以及"可能地")置于语句之前形成的复合句,其真值也不完全由其分句的真值所决定。下面两个"必然"句,尽管其中的分句都是真的,但从直觉上看,它们本身却是一假一真。

(6)必然地,太阳系的行星数目是8。
(7)必然地,8>7。

因此这个副词也不是真值函项联结词。

此外,像"我相信""他抱歉""他知道"这样的命题态度短语,也不是真值函项联结词。举例来说,某人是否相信上帝存在,与上帝是否存在完全是两回事;换句话说,"我相信上帝存在"的真值,和"上帝存在"的真值,这两者之间并没有相关性。

真值函项联结词和非真值函项联结词的区别在于:通过真值函项联结词而形成的复合句,其中的每一个成分句都可以被有着相同真值的任何其他语句所替换,而复合句的真值仍能保持不变;而通过非真值函项联结词而形成的复合句,其真值在上述替换下并不能总是保持不变。通过真值函项联结词而形成的复合句,其真值只与成分句的真值有关;而通过非真值函项联结词而形成的复合句,其真值并不取决于,至少不完全取决于成分句的真值。

在我们这本书中,非真值函项联结词并不算逻辑词汇,因此它们不会出现在刻画语句逻辑结构的模式中。由非真值函项联结词联结而成的语句,虽然从普通语法的角度看是一个复合句,但在我们这里都被视为无内部结构的整体。对非真值函项联结词的处理,是逻辑和哲学中的一个难题。拒绝承认非真值函项联结词的逻辑地位的逻辑学家们相信,含有非真值函项联结词的语句,原则上可以改写成不包含这类联结词的语句。但改写并不总是容易的,而在得到成功的改写之前,我们只得将它们视为拒绝分析的整体加以对待,对应的语句模式是单个的语句字母。举例说明:"如果明天天气好,那么我就去爬山"(实质条件句)既可以视为单个的语句字母(比如"p")

的例句(这不值一提,因为任何语句都可作如是观),还可以视为复合模式"$p \rightarrow q$"的例句。但"如果我早出生两年,那么我就上不了大学了"(虚拟条件句)只能视为单个的语句字母的例句。"$\rightarrow$"只是实质条件句中的"如果…那么…"的专门记号。

在讲解了真值函项联结词和非真值函项联结词后,我们现在来介绍真值函项模式及其例句和子模式。

最简单的真值函项模式(可称为原子模式),只由一个语句字母所组成,即"p""q""r"等等。但要注意的是,虽然它们是最简单的模式,但这并不表示它们的例句也是最简单的;事实上,任何语句都是它们的例句。

更复杂的真值函项模式(可称为分子模式或复合模式),则是由语句字母通过真值函项联结词复合而成的。不管多么复杂的模式,我们都可以从语句字母出发,通过运用真值函项联结词,一步一步地把它构造出来。比如模式"$(pq \rightarrow r) \vee (\bar{r} \leftrightarrow \bar{s} r)$"从语句字母"$p$""$q$""$r$""$s$"出发而被构造的过程可以是这样的:

i. p

ii. q

iii. r

iv. s

v. pq ··· i 和 ii 的合取式

vi. $\bar{r}$ ··· iii 的否定式

vii. $\bar{s}$ ··· iv 的否定式

viii. $pq \rightarrow r$ ··· v 和 iii 的条件式

ix. $\bar{s} r$ ··· vii 和 iii 的合取式

x. $\bar{r} \leftrightarrow \bar{s} r$ ··· vi 和 ix 的双条件式

xi. $(pq \rightarrow r) \vee (\bar{r} \leftrightarrow \bar{s} r)$ ··· viii 和 x 的析取式

有读者可能感到困惑,"$pq \rightarrow r$"可以有两种理解:"$(pq) \rightarrow r$"或"$p(q \rightarrow r)$"。同样地"$\bar{s} r$"也可以有两种理解:"$(-s)r$"或"$-(sr)$"。到底应该怎么理解呢? 对此,我们引入两个约定:第一,联结词"$\vee$""$\rightarrow$"和"$\leftrightarrow$"的控制力强于"·"(合取联结词)。第二,否定号的控制力应尽可能地小。显然,有了这两个约定,以上的两个模式只能理解为第一种含义。这两个约定和四则运算中"先乘除后加减"的约定一样,目的都是为了减少括号的使用。

真值函项模式的例句,我们在前面已经接触到了。模式例句的形成方法是非常简单的,只需将模式中的每一个字母代入一个语句即可。唯一的限制是:相同字母的每一个位置必须代入相同的语句。这个限制条件是必须的,它可以保证例句确实具有模式所刻画的逻辑结构。

举例说明:"pq"的例句可以是"中国在亚洲而且法国在欧洲"("p"代之以"中国在亚洲","q"代之以"法国在欧洲",简记为 p:中国在亚洲,q:法国在欧洲),也可以是"中国在亚洲而且中国在亚洲"(p:中国在亚洲,q:中国在亚洲),这两个语句的逻辑结构都可以用"pq"来刻画。

"pp"的例句可以是"中国在亚洲而且中国在亚洲"(p:中国在亚洲),也可以是"法国在欧洲而且法国在欧洲"(p:法国在欧洲),但不可以是"中国在亚洲而且法国在欧洲",后者的结构并不能用"pp"来刻画。

模式除了可以有例句外,还可以有子模式。子模式的形成方法和例句的形成方法是类似的:只需将模式中的每一个字母代之以一个模式即可。操作限制也是类似的:同一字母的每一个位置都必须代入相同的模式。

举例说明:"$p \to q$"的子模式可以是"$r \to s$"("p"代之以"r","q"代之以"s"。简记为p:r,q:s),可以是"$p \to p$"(p:p,q:p),也可以是"$pq \to (p \to p)$"(p:pq,q:$p \to p$)。

"$p \to p$"的子模式可以是"$(p \lor q) \to (p \lor q)$"($p$:$p \lor q$),也可以是"$(p \to p) \to (p \to p)$"($p$:$p \to p$),但不可以是"$(p \to p) \to (p \to q)$",因为后者的主联结词"$\to$"联结的两个模式"$p \to p$"和"$p \to q$"并不是相同的模式。

替换不仅可以发生在单个的模式中,也可以发生在一组模式中。在对一组模式中的字母进行替换时,所有模式中的相同字母的不同位置,不能被分别替换以不同的语句(或模式),而必须替换以相同的语句(或模式)。这样的替换被称为联合替换,由此形成的一组例句(或一组模式)则被称为这组模式的匹配例句(或匹配子模式)。联合替换可以确保母模式的复合模式的结构可以传承至匹配例句的复合句和匹配子模式的复合模式。

举例说明:模式"p"的例句诚然可以是任何语句,但"p"和"p"的匹配例句则必须是两个相同的语句,而不能是两个不同的语句。与此对照,"p"和"q"的匹配例句才可以是任何两个不同或相同的语句。同样地,模式"p"和"q"的匹配子模式可以是任何两个模式,但"p"和"p"的匹配子模式却只能是两个相同的模式。

总结:要知道一个模式是不是一个语句或一个模式所属的模式,只要检验一下前者能不能在其中的字母被代之以语句或模式(相同的字母代之以相同的语句或模式)后形成后者。同样地,要知道一组语句(或一组模式)是不是一组模式的匹配例句(或匹配子模式),只要检验一下后者能不能在其中的字母被代之以语句或模式(相同的字母代之以相同的语句或模式)后形成前者。

复习思考题三

1. 请说出"并非"句、"而且"句、"或者"句、"如果"句和"当且仅当"句的真值条件,并说说这些语句联结词是真值函项联结词是什么意思。

2. 我们在本章中提到过一个真值函项联结词:既非…也非…(专门记号是"$\downarrow$")。显然,"$p \downarrow q$"就是"$\overline{p}\,\overline{q}$"。逻辑学家发现所有真值函项联结词都可以用"$\downarrow$"来加以定义。比如,"$\overline{p}$"可以定义为"$p \downarrow p$"。请用"$\downarrow$"给出除"$-$"以外的其他四个基本联结词的定义。

3. 语句"中国在亚洲,而且法国在欧洲,或者新西兰在大洋洲"是有歧义的,可以有两种不同的理解。请将它改写为两个没有歧义的不同语句,并写出它们作为其匹配例句的一对能反映它们之间区别的模式。(提示:上述语句的歧义性的根源在于看不出它到底是一个"而且"句还是一个"或者"句。)

第四章 真值函项模式矛盾性和有效性的检验:真值分析法

在第一章中我们谈到,有效推理就是肯定前提并否定结论会导致矛盾的推理。在第二章中我们又谈到,矛盾句(逻辑假)是矛盾模式的例句,而矛盾模式就是所有例句都为假的模式。因此,如果我们要表明一个推理是有效推理,只需表明肯定该推理的前提并否定其结论所形成的复合句是某个矛盾模式的例句。在这一章中,我们要来介绍如何表明一个真值函项模式是不是矛盾模式,以及是不是有效模式的方法。

矛盾模式也称为不一致的模式。"不一致"的字面意思就是不能自圆其说,即不论怎样解释模式中的语句字母和其他模式字母,所得到的例句都是假的。与矛盾模式正相对立的是有效模式,有效模式是指所有例句都为真的模式,而有效模式的例句则被称为逻辑真(又称有效句)。不难看出,如果一个模式是矛盾模式,那么它的否定模式一定是有效模式。反之亦然,如果一个模式是有效模式,那么它的否定模式一定是矛盾模式。另外,矛盾模式的子模式仍是矛盾模式,有效模式的子模式也仍是有效模式。因为子模式的例句都是母模式的例句,因此,如果母模式是矛盾模式,从而其例句都是假的,那么其子模式的所有例句也都是假的,从而这个子模式是一个矛盾模式。对有效模式的子模式的有效性可以做出类似的说明。

如果一个模式不是有效的,即它的所有例句不都是真的,其中至少有一个是假的,这个模式可以称为无效模式。同样地,如果一个模式不是矛盾的,即它的所有例句不都是假的,其中至少有一个是真的,这个模式可以称为无矛盾的模式或一致的模式。有效模式和矛盾模式属于模式中的极端情形,更多的模式则既不是有效的也不是矛盾的。

有些有效模式和矛盾模式是自明的。前面我们接触过一个自明的矛盾模式:$p\,\overline{p}$。除此之外,我们相信,下面两类模式的矛盾性或不一致性对大多数人而言也是不言自明的:

(1)合取肢中包含某个模式及其否定式的合取模式,比如:"$\overline{p}\,qr\,\overline{p}\,\overline{s}$""$(p{\rightarrow}q)r-(p{\rightarrow}q)$"。

(2)其中一个成分为另一个成分的否定式的双条件模式,比如:"$p{\leftrightarrow}\overline{p}$""$-(pq){\leftrightarrow}pq$""$(p{\rightarrow}q){\leftrightarrow}-(p{\rightarrow}q)$"。

这些模式中的每一个,其所有例句都是假的。

同样地,我们也相信,下面两类模式的有效性对大多数人而言也是自明的:

(1)析取肢中包含某个模式及其否定式的析取模式,比如:"$p\vee\overline{p}$""$\overline{p}\vee q\vee r\vee p\vee\overline{s}$""$pq\vee r\vee-(pq)$"。

(2)两个成分相同的条件模式或双条件模式,比如:"$p{\rightarrow}p$""$q{\leftrightarrow}q$""$pq{\rightarrow}pq$"。

这些模式中的每一个,其所有例句都是真的。

在以上这些一目了然的矛盾模式和有效模式中,特别值得一提的是"$p\vee\overline{p}$"和"$p\,\overline{p}$"这两个模式。说"$p\vee\overline{p}$"是有效模式,等于说任何语句及其否定句的析取句是真的,这就是排中律;而说"$p\,\overline{p}$"是不一致模式,等于说任何语句及其否定句的合取句是假的,这就是矛盾律。

但我们凭什么说这两个模式分别是有效的和矛盾的呢？换言之,我们凭什么要接受排中律和矛盾律呢？

不凭什么,接受排中律和矛盾律不需要任何理由,因为它们本身就是自明的。具体地说,根据"并非"一词的用法,如果一个语句是真的,那么它的否定句就是假的;如果该语句是假的,那么它的否定句就是真的。因此,任何语句及其否定句中,都有一个是真的,有一个是假的。根据"或者"一词的用法,一个析取句只要有一个成分句是真的,那么它就是真的,因此一个语句及其否定句的析取句一定是真的(排中律)。同样,根据"并且"一词的用法,一个合取句只要有一个成分句是假的,那么它就是假的,因此,一个语句及其否定句的合取句一定是假的(矛盾律)。排中律和矛盾律一点也不深奥,它们只不过是对"并非""或者"和"而且"这些耳熟能详的逻辑词汇含义的重申罢了。但要注意,当我们说排中律和矛盾律之所以为真,是因为有关逻辑词汇的意义使然,并不是在给出接受排中律和矛盾律的理由,至多只是进一步地说明而已。说一个语句为真是因为意义使然,这不过是在变相地承认举不出认定该语句为真的任何证据,不过是在变相声称这个语句的真理性是自明的。换言之,说排中律和矛盾律是自明的,和说它们是根据词的意义而为真的,这两种说法其实是一回事。

并不是所有矛盾模式和有效模式都像上面这些模式那样一目了然。但不论一个模式是矛盾的还是一致的,是有效的还是无效的,即使不能一眼就看出来,我们也可以通过若干自明的步骤把答案找出来。所有的矛盾模式和有效模式,其矛盾性或有效性要么是自明的,要么是潜在自明的。逻辑从根本上说是自明的。对于真值函项模式,我们甚至有一套决定性的检验方法,使我们可以认定它是不是矛盾模式,以及是不是有效模式。现在我们就来介绍这样的方法。

矛盾模式就是所有例句都为假的模式。根据这个定义,我们似乎应该要将某个模式的例句一一列举出来并考察它们的真假,才能得出肯定或否定的结论。但这个方法是不可行的,因为任何一个模式都有数不清的例句,根本无法一一列举出来。但对于真值函项模式来说,我们可以不必一一列举出它的例句,而实际上达到同样的效果。设"p"是某个真值函项模式里的一个字母。"p"诚然有数不清的例句,但只要替换"p"的例句具有相同的真值,那么这些例句对整个模式的真值贡献就是一样的。"p"的数不清的例句,可以归纳为两大类:真值为真的例句和真值为假的例句。因此,我们如果先考察"p"代之以真值为真的语句(简记为"T")的情形,再考察"p"代之以真值为假的语句(简记为"F")的情形,只要我们考察了这两大类的情形,实际上就等于把它的所有例句都详尽无疑地考察了一遍。如果真值函项模式里有不止一个字母,我们只需对其中的每一个不同字母都照此办理即可。如果遍考模式中每个字母的两种情形,整个模式的例句无一例外都是假的,那这个模式就是矛盾的;否则就是一致的。这种分析方法可以称为真值分析法。在使用这个方法的过程中,只要我们在任一步中得到真值为真的例句,我们就可以不再继续分析下去,而得出"该模式不是矛盾的"这一否定的结论。如果要得到肯定的结论,则必须坚持分析到底。

这一方法不只适用于矛盾模式的判定,也适用于有效模式的判定:如果遍考模式中每个字母的两种情形,整个模式的例句无一例外都是真的,那这个模式就是有效的;否则就是无效的。当然,我们还可以将有效模式的判定问题转化为矛盾模式的判定问题,或者反过来,将矛盾模式的判定问题转化为有效模式的判定问题。要表明一个模式是有效的,只需表明该模式的否定式是矛盾的;同样地,要表明一个模式是矛盾的,只需表明该模式的否定式是有效的。

在开始真值分析前,我们列举出一些分析过程中要用到的规则,这些规则都是既简单又好懂的,只是熟悉地运用需要一个过程。

i. "－T"简化为"F"。

ii. "－F"简化为"T"。

iii. "Tp""pT"简化为"p"。（消去合取句中的真值为真的合取肢）

iv. "Fp""pF"简化为"F"。（含有真值为假的合取肢的合取句为假）

v. "T∨p""p∨T"简化为"T"。（含有真值为真的析取肢的析取句为真）

vi. "F∨p""p∨F"简化为"p"。（消去析取句中真值为假的析取肢）

vii. "T→p"简化为"p"。（消去条件句中真值为真的前件）

viii. "F→p"简化为"T"。（以真值为假的语句为前件的条件句为真）

ix. "p→T"简化为"T"。（以真值为真的语句为后件的条件句为真）

x. "p→F"简化为"$\bar{p}$"。（消去条件真值为假的后件，并同时否定前件）

xi. "T↔p""p↔T"简化为"p"。（消去双条件句中真值为真的成分句）

xii. "F↔p""p↔F"简化为"$\bar{p}$"。（消去双条件句中真值为假的成分句，并同时否定另一成分句）

现在我们就用这个办法检验一下第二章中的那个矛盾模式（"p 或者 q，而且并非 p，而且并非 q"），看它是否真的矛盾。我们将这个模式中的逻辑词汇换上专门的记号，便得到：

(1)$(p \lor q)\bar{p}\,\bar{q}$

我们先考虑"p"代之以真语句"T"的情形：

(2)$(T \lor q)\bar{T}\,\bar{q}$

这个合取句中有一个合取肢"$\bar{T}$"，它是"T"的否定句，因此是"F"。既然这个合取句中有一个合取肢是假的，因此该合取句也是假的。以上分析表明，如果"p"是真的，不论"q"是真是假，(1)的例句都是假的。

我们再来考虑"p"为"F"的情形：

(3)$(F \lor q)\bar{F}\,\bar{q}$

这个合取句的三个合取肢中有一个是"$\bar{F}$"，它是"F"的否定句，因此是"T"。如果合取句中的某个合取肢是假的，整个合取句就是假的；如果这个合取肢是真的，这时整个合取句的真假与去除这个分句后剩下的部分的真假是相同的。因此，(3)可以简化为：

(4)$(F \lor q)\bar{q}$

这依然是一个合取句。其中的一个合取肢"F∨q"是一个析取句，该析取句中的一个析取肢是假的，因此它的真假与"q"是一样的。这样一来，(4)可以进一步简化为：

(5)$q\,\bar{q}$

(5)一望而知就是假的（矛盾律）。

以上分析表明，如果"p"是假的，不论"q"是真是假，(1)都是假的。再结合前面的分析，我们得出结论：不论"p"和"q"的真假如何，模式(1)都是假的。这就说明，它确实是一个矛盾的模式。

以上分析的过程可以反映在一张分叉表中。

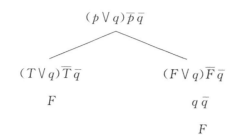

当然,我们的分析没有必要一定要从"p"开始,可以随便从哪个字母开始。但作为一种分析策略,当模式中含有许多不同的字母且各字母出现次数不尽相同时,可以选择从出现次数最多的字母开始,这样做一般都能节省劳力。

通常的逻辑书中采用的是所谓真值表方法,根本原理和我们这里的真值分析法是一样的,都是在遍考模式中每个字母被代入真值为真的语句和真值为假的语句这两种情形后得出结论的方法。不同之处在于,我们的方法是先分析其中一个字母,再分析下一个字母,直至全部分析完;真值表方法是先列出各个字母真假组合的各种情形,然后一个情形一个情形地加以考察。我们也以模式(1)为例对此加以说明。

这个模式中含有两个不同的字母:"p"和"q",它们的组合形成下面四种情形:"p"真"q"真;"p"真"q"假;"p"假"q"真;"p"假"q"假。在第一种情形("p"真"q"真)下,我们得到:

(6)$(T \lor T)\overline{T}\,\overline{T}$

这个合取句后两个合取肢都是假的,因此整个合取句是假的。

在第二种情形("p"真"q"假)下,我们得到:

(7)$(T \lor F)\overline{T}\,\overline{F}$

这个合取句的第二个合取肢是假的,因此整个合取句也是假的。

在第三种情形下,我们得到:

(8)$(F \lor T)\overline{F}\,\overline{T}$

这个合取句的最后一个合取肢是假的,因此整个合取句也是假的。

在第四种情形下,我们得到:

(9)$(F \lor F)\overline{F}\,\overline{F}$

这个合取句的第一个合取肢"$F \lor F$"是假的,因此整个合取句也是假的。

以上分析表明:不论"p"和"q"的真假如何,模式(1)的例句都是假的。这同样说明,它确实是一个矛盾的模式。

可以把以上分析过程包括在一张表中,这就是真值表这一名称的由来。

p	q	$(p \lor q)\overline{p}\,\overline{q}$
T	T	F
T	F	F
F	T	F
F	F	F

借助于真值表，我们可以将前面讲到过的五个真值函项联结词的含义直观地表达出来。
"并非"的真值表

p	$\bar{p}$
T	F
F	T

"而且"的真值表

p	q	pq
T	T	T
T	F	F
F	T	F
F	F	F

"或者"的真值表

p	q	$p \vee q$
T	T	T
T	F	T
F	T	T
F	F	F

"如果"的真值表

p	q	$p \rightarrow q$
T	T	T
T	F	F
F	T	T
F	F	T

"当且仅当"的真值表

p	q	$p \leftrightarrow q$
T	T	T
T	F	F
F	T	F
F	F	T

　　真值分析法和真值表方法，我们说过，其实质是一样的。但从实用性上说，真值分析法是更胜一筹的。上面对同一模式的分析已经可以表明这一点了。在真值分析法中，我们实际上只做

了两次计算,即只计算了"p"分别为真和为假这两种情形,而真值表方法需做四次计算。为什么会有这种区别呢?因为在真值分析法中,我们在考虑"p"的两种情形时,都碰巧无需分别考虑每一种情形下"q"的两种情形。但真值表方法是无法讨巧的。当模式中的字母更多时,真值分析法的优越性将更加明显,读者可以通过后面的练习自行验证。

复习思考题四

1. 分别使用真值分析法和真值表方法检验下面的模式的有效性。除此之外,你还能想到别的比较省力的方法吗?

$(p \leftrightarrow q) \vee (q \leftrightarrow r) \vee (p \leftrightarrow r)$

(提示:该模式中各个字母的地位是对称的。)

2. 一致模式的否定式是不一致的吗?无效模式的否定式是有效的吗?

3. 一致模式的子模式是一致的吗?无效模式的子模式是无效的吗?

第五章 真函有效推理的检验方法

如果在某个推理中,我们肯定前提并否定结论而形成的复合句,是某个矛盾的真值函项模式的例句,那么这个推理就是一个真值函项有效推理。真值函项有效推理只是有效推理中的一部分,大量的有效推理,尽管肯定其前提并否定其结论而形成的复合句,确实是某个矛盾模式的例句,但这个矛盾模式却不是真值函项模式。至此,虽然我们还不能分析所有的有效推理,但我们已经能够分析作为有效推理的一个子类的真值函项有效推理。事实上,我们已经通过关于小明的那个推理,将整个分析过程过了一遍。

第一步,我们给出肯定前提并否定结论而形成的复合句:

(1)小明或者高或者帅,而且小明不高,而且小明不帅。

第二步,我们分析这个语句的真值函项结构,找出它所从属的真值函项模式:

(2)$(p \vee q)\overline{p}\,\overline{q}$

第三步,我们用真值分析法或真值表方法,表明这个模式是一个矛盾模式,从而第一步中得到的那个复合句(1),作为这个矛盾模式的例句,是一个矛盾句,从而与这个矛盾句对应的推理是一个有效推理。

下面我们在这个方法的基础上,再介绍一种检验推理的真值函项有效性的方法。

首先,我们来证明矛盾句的否定句是逻辑真;反之亦然,一个逻辑真的否定句是矛盾句。设矛盾句 S 是矛盾模式 α 的例句。显然,S 的否定句"- S"一定是 α 的否定式"- α"的例句。因为 α 是矛盾模式,所以"- α"是有效模式。因为"- α"是有效模式,所以作为它的例句的"- S",是一个逻辑真。至于逻辑真的否定句是矛盾句,证明方法是一样的。①

有了这个结论后,我们对有效推理就可以有另一种表述。我们已经知道,一个以 R 为前提、以 S 为结论的推理是有效的,当且仅当肯定前提 R 并否定结论 S 而形成的复合句"R $\overline{S}$"是一个矛盾句。但说"R $\overline{S}$"是一个矛盾句,等于说其否定句"- (R $\overline{S}$)"是一个逻辑真。而根据第三章中对条件句的说明,"- (R $\overline{S}$)"就是"R→S"。所以,一个推理是有效的,当且仅当以前提(或前提的合取,如果有不止一个前提的话)为前件,以结论为后件的条件句是一个逻辑真。

这两种表述的实质是一样的,但从技术上看后一种表述是更加简单的。简单之处在于,后一种表述里谈到的复合句("R→S"),其形成只一次用到了联结词("如果…那么…"),而前一种表述里谈到的复合句("R $\overline{S}$"),其形成需要两次用到联结词(一次"并非",一次"而且")。这就是联结词"→"的技术价值,它可以简化我们对有效推理或蕴涵关系的表述。在下一节中,我们将会看

①　注意,这里的"S"和"α"本身并不是语句和模式,而只是语句和模式的名称。因此,把 S 和 α 的否定式写成"- S"和"- α",严格说来,是不合乎语法的,就像把语句"雪是白的"的否定式写成"- '雪是白的'",把模式"pq"的否定式写成"- 'pq'"是不合乎语法的一样。读者应该将"- S"和"- α"这些表达式中的"S"和"α"理解为它们所命名的具体语句和模式。参见本章结尾部分关于语言表达式的使用和提及的区别的论述。

到联结词"↔"的类似的价值,它可以简化我们对等价关系(语句间另一种重要的关系)的表述。

现在,我们仍以关于小明的那个推理为例,说明按照这个新表述来检验推理的真值函项有效性的三个步骤。

第一步,我们给出以前提(如果不止一个前提,就将它们用"而且"联结起来)为前件,结论为后件的条件句:

(3)(小明高或者帅)而且小明不高→小明帅

第二步,我们分析语句(3)的真值函项结构,找出它所从属的真值函项模式。

像模式(2)一样,我们用"p"和"q"分别替换"小明高"和"小明帅",这样就得到(3)所属的模式:

(4)$(p \lor q)\overline{p} \to q$

第三步,我们来表明模式(4)确实是一个有效的真值函项模式。

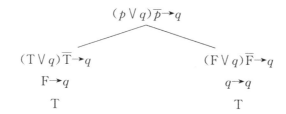

在本章余下的篇幅里,我们来做一个术语学上的澄清。

我们在第一章中曾经说过,有效推理中的前提和结论中的关系就是蕴涵关系。因此改写上面关于有效推理的第二种表述,就得到:一个语句蕴涵另一个语句,当且仅当以第一个语句为前件第二个语句为后件所形成的条件句是逻辑真。简单地说,蕴涵就是条件句的逻辑真。

蕴涵与条件句之间的密切关系滋长了一个术语学上的混乱。我们在逻辑书中常常看到有人把真值函项联结词"→"读成"蕴涵"。这种读法是从罗素开始的。罗素是著名的哲学家和现代逻辑的创始人之一,名人效应使这种读法传播极广,很有必要予以澄清。

把"→"读成"蕴涵",有着双重的错误。

首先是语法上的错误。"蕴涵"是一个动词,就像"爱"一样。"爱"的语法要求它的前后要跟两个名字(如"祝英台爱梁山伯"),"蕴涵"也是同样的要求。但"→"所联结的是语句,而语句并不是名字。这种不通在任何一个例句中都可以体现。"如果祝英台是女性,那么梁山伯是男性"是一个语法上没有问题的语句,但"祝英台是女性蕴涵梁山伯是男性",根本就讲不通。

读到这里,有读者可能感到困惑:蕴涵关系不就是语句之间的关系吗?怎么不能在"蕴涵"这个词的前后填上两个语句呢?确实,蕴涵关系是语句之间的关系,但为了提到处于蕴涵关系中的语句,却必须使用语句的名称(通常的方法是将要提到的语句放在引号之内)。这就像相爱关系固然是两个人之间的关系,但为了提到处于相爱关系中的人,却必须使用他们的名字一样,你总不能把梁山伯和祝英台这两个人放在"爱"这个词的两侧吧!关于"爱"的语法,人们不容易混淆,因为处于相爱关系中的人,与这些人的名字,是太不一样了,后者("祝英台"和"梁山伯")是语言表达式,而前者(梁山伯和祝英台)不是。转到"蕴涵"的语法,人们一不小心就容易迷失,因为处于蕴涵关系中的语句("祝英台是女性"和"梁山伯是男性"),和这些语句的名字("祝英台是女性"和"梁山伯是男性")一样,都是语言表达式。

其次,即使将上面的语法错误纠正过来,蕴涵句和与之对应的条件句也不是一回事;蕴涵关

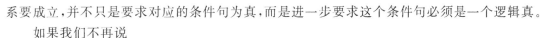

系要成立,并不只是要求对应的条件句为真,而是进一步要求这个条件句必须是一个逻辑真。

如果我们不再说

(5)祝英台是女性蕴涵梁山伯是男性

而改口说

(6)"祝英台是女性"蕴涵"梁山伯是男性"

这样一来,语法上的错误就消失了。但(6)和与之对应的条件句:

(7)如果祝英台是女性,那么梁山伯是男性

并不是一回事。如果有关梁祝的传说是真的,那么,(7)作为一个前件和后件都为真的条件句,显然是真的。但(6)却是假的,里面谈到的两个语句之间并不存在蕴涵关系,从"祝英台是女性"这个前提中并不能推出"梁山伯是男性"这个结论。为什么它们之间不存在蕴涵关系?那是因为(7)尽管是真的,但却不是一个逻辑真。另一方面,蕴涵句

(8)"祝英台是女性"蕴涵"祝英台是女性或者梁山伯是男性"

确实是成立的,而它之所以成立,是因为与之对应的条件句

(9)如果祝英台是女性,那么祝英台是女性或者梁山伯是男性

是一个逻辑真。

复习思考题五

检验下述推理的有效性,将本章介绍的两种方法都试一遍。

前提:(1)如果小芳每天做大量的补充习题,那么她的课业成绩将会有明显的提高。

(2)如果小芳每天做大量的补充习题,那么她对课业的兴趣将会下降。

结论:如果小芳每天做大量的补充习题,那么她的课业成绩将会有明显的提高,但她对课业的兴趣将会下降。

(提示:只需表明肯定前提和否定结论所得到的复合句是个矛盾句,这只需将这个复合句解释为某个矛盾模式的例句;或者,只需表明以前提的合取为前件,以结论为后件的条件句是个逻辑真,这只需将这个条件句解释为某个有效模式的例句。为了得到合要求的模式,只需令:p:小芳每天做大量的补充习题,q:小芳的课业成绩会有明显的提高,r:小芳对课业的兴趣下降了。)

第六章　模式间的蕴涵关系和等价关系

前面,我们接触到两个语句层面的概念:矛盾句(逻辑假)和有效句(逻辑真)。我们对这两个概念的解释,借助的是模式层面的两个概念。矛盾句和有效句的概念可以分别借助矛盾模式和有效模式的概念加以说明:矛盾句是矛盾模式的例句,有效句是有效模式的例句。我们还谈到另一个语句层面的概念,即语句间的蕴涵关系。这一回,我们的说明,借助的是矛盾句或逻辑真的概念。一个语句蕴涵另一个语句,当且仅当肯定第一个语句并且否定第二个语句而形成的复合句,是一个矛盾句;或者一个语句蕴涵另一个语句,当且仅当以第一个语句为前件,以第二个语句为后件所形成的条件句,是一个逻辑真。

但我们也可以借助于模式间的关系来说明语句间的蕴涵关系。为此,我们先给出模式层面上的蕴涵关系(有别于语句层面的蕴涵关系)的定义:一个模式蕴涵另一个模式,当且仅当以第一个模式为前件,以第二个模式为后件的条件模式,是一个有效模式。根据这个定义,我们就可以说模式"$(p \lor q)\bar{p}$"蕴涵模式"q",因为我们在上一章中已经看到,"$(p \lor q)\bar{p} \rightarrow q$"是一个有效模式。

现在我们来用模式间的蕴涵关系说明语句间的蕴涵关系:语句 R 蕴涵语句 S,当且仅当存在着 R 和 S 作为其匹配例句的一对模式 α 和 β,使得 α 蕴涵 β。这个说明和上面借助于逻辑真或逻辑假的说明是可以相互发现的。设语句 R 蕴涵语句 S,那么语句"R→S"是一个逻辑真。既然"R→S"是一个逻辑真,那么它一定是某个有效的条件模式"α→β"的例句,其中 α 和 β 明显以 R 和 S 为匹配例句。既然"α→β"是有效模式,根据上面对模式间蕴涵关系的定义,α 蕴涵 β。以上证明了:如果语句 R 蕴涵语句 S,那么存在着 R 和 S 作为其匹配例句的一对模式 α 和 β,使得 α 蕴涵 β。反过来,如果存在着 R 和 S 作为其匹配例句的一对模式 α 和 β,使得 α 蕴涵 β("匹配"二字少不得,否则对于任何两个语句来说,都存在着一对它们分别从属的相蕴涵的模式,只需令 α 和 β 是"p"和"p"即可,任何语句都是"p"的例句),那么根据上面对模式间蕴涵关系的定义,"α→β"是有效模式。既然"α→β"是有效模式,R 和 S 又是 α 和 β 的匹配例句,那么"R→S"作为"α→β"的例句(这是由 R 和 S 是 α 和 β 的匹配例句所保证的),是一个逻辑真,从而 R 蕴涵 S。

拿关于小明的那个例子来说,我们既可以说"(小明或高或帅)而且小明不高"蕴涵"小明帅",是因为条件句"(小明或高或帅)而且小明不高→小明帅"是一个逻辑真;我们也可以说"(小明或高或帅)而且小明不高"蕴涵"小明帅",是因为它们作为其匹配模式的一对模式(比如"$(p \lor q)\bar{p}$"和"p")之间存在着蕴涵关系。这两种解释是等价的。

蕴涵关系具有传递性,即如果一个语句(模式)蕴涵另一个语句(模式),而这另一个语句(模式)又蕴涵第三个语句(模式),那么第一个语句(模式)也蕴涵第三个语句(模式)。此外,蕴涵关系还具有自返性:任何语句(模式)都蕴涵自身,以及单调性:如果一个语句(模式)组联合蕴涵某个语句(模式),那么向该语句(模式)组中添加若干语句(模式)后得到的扩充的语句(模式)组,也仍然蕴涵这个语句(模式)。

在第一章中我们曾经说过,蕴涵关系就是有效推理关系。在那里我们说的只是语句层面上的事情,但这一说法同样可以推广到模式层面。蕴涵关系就是推出关系。"语句 R 蕴涵语句 S"

和"从语句 R 中可以推出语句 S",这两种说法的意思是一样的;同样地,"模式 α 蕴涵模式 β"和"从模式 α 中可以推导出 β",这两种说法的意思也是一样的。

要检验某个真值函项模式或某几个真值函项模式是否蕴涵某个模式,我们只需用真值分析法或真值表方法来检验以这个前提模式或这一组前提模式的合取为前件,以结论模式为后件的条件模式,就可以得出肯定或否定的结论。如果这个条件模式是有效的,那么蕴涵关系就成立,否则就不成立。我们也可以用真值分析法或真值表方法来检验肯定前提模式并否定结论模式而形成的复合模式,这同样可以让我们得出肯定或否定的结论。如果这个复合模式是矛盾的,那么蕴涵关系成立,否则不成立。以上这两种方法我们在上一章中已经都见到了。

除此之外,我们也可以用下面的证明法来表明前提和结论之间存在蕴涵关系。我们将前提一行一行地写出来,每一行写一个,然后写出若干行,其中每一行都是从前面某一行或某几行中推导出来的。如果我们运气好,经过若干步骤后,我们便可以推出结论,并把它写在最后一行。不难证明,作为结论的最后一行,确实是为作为前提的那些行的合取所蕴涵的。假定整个过程有5行(其中前两行是前提,最后一行是结论),而且我们给每一行依次编上了序号:"1""2""3""4""5"。让我们以序号作为每一行的简称。现在我们来证明,"1·2"(前提的合取)蕴涵"5"(结论)。既然每一行(除了前提行以外)都是从前面某行或某几行中推导出来的,那么它们也同时为从前面各行的合取所蕴涵(单调性)。——列举出来,就是:"1·2·3·4"蕴涵"5","1·2·3"蕴涵"4","1·2"蕴涵"3"。因为"1·2·3"同时蕴涵"1·2·3"(自返性)和"4",所以"1·2·3"也蕴涵两者的合取"1·2·3·4"。而"1·2·3·4"蕴涵"5",所以根据蕴涵关系的传递性,"1·2·3"蕴涵"5"。同样地,因为"1·2"同时蕴涵"1·2"(自返性)和"3",所以"1·2"也蕴涵两者的合取"1·2·3"。而"1·2·3"蕴涵"5",所以根据蕴涵关系的传递性,"1·2"蕴涵"5"。

以上这种建立蕴涵关系的方法,可以称为直接证明法。除了直接证明法外,还有所谓的间接证明法或反证法。在这种方法中,我们一一肯定前提,并一行一行地写出来,同时否定结论,也把它作为一行写出来。然后,像上面一样,我们再往下添加若干行,其中每一行都是从前面某行或几行(因而也是前面所有行)中推导出来的,直到得出某个矛盾的模式为止。套用上一段的证明方法,同样不难看出,这个矛盾模式是为各前提的肯定式以及结论的否定式的合取式所蕴涵的,但矛盾模式只能为矛盾模式所蕴涵(这一点的证明,作为作业留给读者自己完成),所以各前提的肯定式以及结论的否定式的合取式是个矛盾模式,也即各前提的合取式蕴涵结论。

特别地,间接证明法可以用来证明一个模式的有效性。我们只需否定这个模式,并从中推导出一个矛盾模式即可。从一个模式的否定式中推导出了矛盾模式,表明该模式的否定式是一个矛盾模式;而该模式的否定式是一个矛盾模式,表明该模式是一个有效模式。

无论是直接证明法,还是间接证明法,都会令人想起源远流长的几何学证明方法,也更加符合一般人心目中的逻辑推理形象。但纯粹的逻辑证明和几何证明之间的异同也同样值得注意。相异之处:几何证明往往要援引几何或数学中的定义、公理或定理;纯粹的逻辑证明当然不能援引这些东西。纯粹的逻辑证明所援引的只能是逻辑推理的规则(这些规则在几何证明中当然也可以援引),其中每一个规则都对应着一个明显的蕴涵关系。比如,如果在证明过程中,前面某一行出现了模式 α,另一行出现了模式"α→β",那么我们就可以根据所谓肯定前件的规则(从肯定条件式和肯定该条件式的前件推出该条件式的后件),写出 β。我们之所以可以援引这一规则,是因为模式"p"和"p→q"明显地蕴涵了"q"。我们所做的只是将"p""q"和"p→q"分别代之以与它们匹配的子模式 α、β 和"α→β"。就像有效模式的子模式是有效模式,矛盾模式的子模式是矛盾模式一样,如果两个模式间存在着蕴涵关系,那么它们的匹配子模式间也存在着蕴涵关系。相同之处:像纯粹的逻辑证明一样,几何证明其实也是在建立蕴涵关系,只不过蕴涵几何证明题中的结论的东西,通常说来并不只是写在题目上的那些前提,而是这些前提加上证明过程中要援引的那些定义、公理和定理。

尽管我们在这里介绍了证明法,但在分析真值函项模式间的蕴涵关系时,我们还是优先推荐前面介绍的真值分析法或真值表方法。理由:真值分析法总是让我们能得出肯定或否定的结论,而证明法只能用来建立肯定的结论,即用来建立某个模式确实为某个或某组模式蕴涵的结论,但不能用来建立否定的结论。

当我们要处理的有效推理并不能通过前提和结论的真值函项结构加以说明时,也就是说,当一个有效推理在真值函项意义上并不有效时,真值分析法将不再适用。我们在后面将会介绍一种能够判断一个推理在量化意义上是否有效的方法,即纯存在式方法。这种方法并不是普适的,它并不能处理所有的量化推理。我们还将介绍一种证明法,即奎因方法,将弥补纯存在式方法的局限,它可以用来证明所有量化有效推理确实是有效的。但这种方法也有不足之处,那就是它只能用来证明有效推理确实是有效的,并不能证明无效推理确实是无效的。

除了模式间的蕴涵关系外,我们还可以定义另一种模式间的关系,这就是等价关系:两个模式是等价的,当且仅当用"↔"("当且仅当")联结这两个模式所形成的模式是一个有效模式。我们们前面曾诉诸读者的直觉,不止一次地援引模式"$p \rightarrow q$"与模式"$-(p\,\overline{q})$"之间的等价性。它们之间的等价性就在于模式"$(p \rightarrow q) \leftrightarrow -(p\,\overline{q})$"的有效性,我们可以用真值分析法来表明这一点。

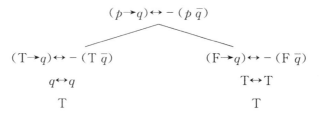

像蕴涵关系一样,等价关系也可以发生在语句之间:两个语句是等价的,当且仅当它们为其匹配例句的一对模式是等价的。另一种表述:两个语句是等价的,当且仅当用"↔"("当且仅当")联结这两个语句所形成的语句是一个逻辑真。像蕴涵的情形一样,关于语句之间等价关系的上述两种说法,借助于模式间的等价关系这一概念,也是可以互相发现的。

说两个语句(模式)是等价的,相当于说这两个语句(模式)是互相蕴涵的,这从"↔"是双向的"→"就可以看出。因此,像蕴涵关系一样,等价关系也有传递性和自返性。但等价关系毕竟是与蕴涵关系不同的东西,这也会表现在它们的性质上。比如,等价关系具有的对称性(如果甲等价于乙,那么乙也等价于甲),单向蕴涵关系就不具有。更重要的是下面这个性质,它也只对双向蕴涵关系或等价关系有效,而对单向蕴涵关系是无效的。一个语句(模式)中的任何组成部分,如果被与之等价的语句(模式)所替换,经过这样的替换所得到的新语句(模式),与原语句(模式)是等价的。比如模式"pq"与其中的"q"被与之等价的模式"$q \lor qr$"①所替换而得到的模式"$p(q \lor qr)$"是等价的。这和算术中的等量代换类似:用 $3+2$ 取代 $100/5$ 中的 5,就得到 $100/(3+2)$;由于 $3+2=5$,所以 $100/5 = 100/(3+2)$。

记住一些蕴涵关系对启动上面所讲的证明过程至关重要。如果我们不知道任何蕴涵关系,

---

① 读者可自行用真值分析法验证"q"与"$q \lor qr$"之间的等价性,只需表明以它们为成分的双条件模式"$q \leftrightarrow (q \lor qr)$"是有效的。

证明过程根本就启动不了。(当然,记住一些蕴涵关系对真值分析法也有帮助,因为两个模式之间的蕴涵关系的背后是某个单个模式的有效性,我们碰到这样的模式时可以在下面直书"T"。)记住一些等价关系也很重要。它们也同样可以运用于证明过程,因为等价关系也是蕴涵关系,而且还是双向的。如果我们知道两个模式或两个语句间存在着等价关系,就可以随意从其中的一个推导出另一个。

为了便于读者熟悉和记忆,下面列出一些常用的存在着蕴涵关系或等价关系的模式,及应用于推理时的规则。

1. "$(p \rightarrow q)p$"蕴涵"q"(肯定前件(MP):从"$p \rightarrow q$"和"p"中推出"q")

2. "$(p \rightarrow q)\overline{q}$"蕴涵"$\overline{p}$"(否定后件(MT):从"$p \rightarrow q$"和"$\overline{q}$"中推出"$\overline{p}$")

3. "$(p \rightarrow q)(q \rightarrow r)$"蕴涵"$p \rightarrow r$"(假言推理(HS):从"$p \rightarrow q$"和"$q \rightarrow r$"中推出"$p \rightarrow r$")

4. "$(p \vee q)\overline{p}$"蕴涵"q"(选言推理(DS):从"$p \vee q$"和"$\overline{p}$"中推出"q")

5. "$(p \rightarrow q)(r \rightarrow s)(p \vee r)$"蕴涵"$q \vee s$"(建设性两难推理(CD):从"$(p \rightarrow q)(r \rightarrow s)$"和"$p \vee r$"中推出"$q \vee s$")

6. "pq"蕴涵"pq"(联言合成(Conj):从"p"和"q"中推出"pq")

7. "pq"蕴涵"p"(联言拆分(Simp):从"pq"中推出"p")

8. "p"蕴涵"$p \vee q$"(选言添加(Add):从"p"中推出"$p \vee q$")

9. "$-(pq)$"等价于"$\overline{p} \vee \overline{q}$"(运用于联言否定式的德摩根定律(DM))

10. "$-(p \vee q)$"等价于"$\overline{p}\,\overline{q}$"(运用于选言否定式的德摩根定律(DM))

11. "pq"等价于"qp"(运用于联言的交换律(Com))

12. "$p \vee q$"等价于"$q \vee p$"(运用于选言的交换律(Com))

13. "$(pq)r$"等价于"$p(qr)$"(关于联言的结合律(Asso))

14. "$(p \vee q) \vee r$"等价于"$p \vee (q \vee r)$"(关于选言的结合律(Asso))

15. "$p(q \vee r)$"等价于"$pq \vee pr$"(联言对选言的分配律(Dist))①

16. "$p \vee qr$"等价于"$(p \vee q)(p \vee r)$"(选言对联言的分配律(Dist))

17. "p"等价于"$\overline{\overline{p}}$"(双重否定律(DN))

18. "$p \rightarrow q$"等价于"$\overline{q} \rightarrow \overline{p}$"(转置律(Trans))

19. "$p \rightarrow q$"等价于"$\overline{p} \vee q$"(条件式变形(Con))

20. "$p \leftrightarrow q$"等价于"$(p \rightarrow q)(q \rightarrow p)$"(双条件式变形(Bicon))

21. "$p \leftrightarrow q$"等价于"$pq \vee \overline{p}\,\overline{q}$"(双条件式变形(Bicon))

22. "$pq \rightarrow r$"等价于"$p \rightarrow (q \rightarrow r)$"(输出律(Exp))

23. "p"等价于"pp"(重言律(Taut))

24. "p"等价于"$p \vee p$"(重言律(Taut))

这些模式间的蕴涵关系或等价关系,很多都是一目了然的。如果有些读者对其中的一些不甚理解,也很容易用真值分析法加以验证。方法是:对于两个模式间的蕴涵关系,检验以第一个模式为前件、第二个模式为后件的条件式的有效性;对于两个模式间的等价关系,检验以它们为

---

① 在运用分配律时,为了防止将析取和合取相混淆,可以参考乘法对加法的分配律:a(b+c)=ab+ac。在做析取对合取的分配时,析取相当于乘法,合取相当于加法。在做合取对析取的分配时,合取相当于乘法,析取相当于加法。

成分的双条件式的有效性。对于这些关系式,无需死记硬背,理解、思考和练习才是熟悉之道。蕴涵关系和等价关系当然不止这些,你掌握得越多,你的逻辑敏感性和推理能力就越强,这和你记住越多的具体的四则算式的结果,你的四则运算的能力就越强是一样的道理。

在上面开列的等价关系中,我们要特别地说一下德摩根定律。这个定律可以帮助我们改写析取否定式或合取否定式,使之不再是一个否定式,这在我们今后处理真值函项有效推理以外的量化有效推理时特别有用。我们前面说过,析取符号"∨"在理论上是多余的,但从技术上讲,离开了它的帮助,我们是无法剥夺合取否定式"−(pq)"中的"并非"的主联结词地位的,而不剥夺"并非"的主联结词地位,我们的推理技术将变得很复杂。至此,我们看到了所有那些在理论上多余的联结词的技术价值所在:"如果"("→")和"当且仅当"("↔")可以简化对蕴涵关系和等价关系的表述,"或者"("∨")可以用来将合取否定式转化为析取式。("而且"也有类似的价值,它可以用来将析取否定式转化为合取式。)

上面开列的等价关系,除了可以在证明蕴涵关系中发挥作用外,还可以帮助我们把某个模式转换为另一个与之等价的,但也许更清楚或更容易处理的模式。例如,我们可以将任何一个真值函项模式转换为标准析取模式,即像"$\bar{p}\bar{s} \vee \bar{p}q \vee \bar{s}q \vee \bar{s}qp \vee rps$"这样的析取模式,其中每一个析取肢(可以只有一个析取肢)都是一个合取模式,而每一个这样的合取模式中的每一个合取肢(可以只有一个合取肢)都是单个字母或者单个字母的否定式。一个标准析取模式是不是矛盾模式是一目了然的:如果每个析取肢都是矛盾的(这是一目了然的,只需看其中是不是同时含有某个字母及其否定式),它就是矛盾的,否则就是一致的。我们也可以将任何一个真值函项模式转换为标准合取模式,即像"$(p \vee \bar{q} \vee \bar{r})(\bar{p} \vee s)(q \vee \bar{r} \vee s)$"这样的合取模式。一个标准合取模式是不是有效的是一目了然的:如果每个合取肢都是有效的(这是一目了然的,只需看其中是不是同时含有某个字母及其否定式),它就是有效的,否则就是无效的。这样,不经意间,我们便有了除真值分析法和证明法之外的第三种表明有效性或矛盾性的方法,可以名之曰标准模式法。当然,标准模式的作用不限于纯粹的逻辑技术。人们很早就知道标准析取模式在电路设计上的应用,而近年来标准合取模式在人工智能的自动推理设计中也找到了用武之地。

将一个模式转换为标准模式的过程中有三个要点:

(1)消去模式中"→"和"↔"。"$p \to q$"可以被转换成"$\bar{p} \vee q$","$p \leftrightarrow q$"则可以被转换成"$pq \vee \bar{p}\bar{q}$"。

(2)运用德摩根定律,使"−"只作用于模式中的单个字母。

(3)反复运用合取对析取的分配律把模式转换为标准析取式,或反复运用析取对合取的分配律把模式转换为标准合取式。

我们来看一个例子,看如何将模式"$-(p \vee -\{q \vee -[r \vee -(q \vee p)]\})$"转换为标准析取式。这个模式中不含有"→"和"↔",但有管辖范围较大的"−",因此我们运用德摩根定律,使其只能管到单个的字母,只需要两步就可以做到这一点。

$\bar{p}\{q \vee -[r \vee -(q \vee p)]\}$(这里省去了一步,涉及对双重否定律的运用)

$\bar{p}\{q \vee \bar{r}(q \vee p)\}$(这里又省去了一步,同样也是涉及对双重否定律的运用)

再往下只需运用合取对析取的分配律就行了。像上面对"−"的处理一样,我们也从外向内进行,这也只需要两步。

$\bar{p}q \vee \bar{p}\bar{r}(q \vee p)$

(1)$\bar{p}q \vee \bar{p}\bar{r}q \vee \bar{p}\bar{r}p$

（1）已经是一个标准析取式了。但我们还可以对此加以简化。其中最后一个析取肢是一个矛盾式，可以被消去。

（2）$\overline{p}\,q \lor \overline{p}\,\overline{r}\,q$

由于"$\overline{p}\,\overline{r}\,p$"总是假的，所以（1）的真值在任何解释下都等于"$\overline{p}\,q \lor \overline{p}\,\overline{r}\,q$"的真值，也即（1）和（2）是等价的。

甚至（2）也可以进一步简化。眼尖的读者可能已经看出来了。我们在本章早些时候提到过"q"和"$q \lor qr$"是等价的，因此作为这两个模式的匹配子模式"$\overline{p}\,q$"和"$\overline{p}\,q\,\overline{p}\,\overline{q}\,\overline{r}$"（$q$：$\overline{p}\,q$，$r$：$\overline{r}$）也是等价的，而"$\overline{p}\,q\,\overline{r}$"和"$\overline{p}\,\overline{r}\,q$"又是等价的，所以"$\overline{p}\,q$"和"$\overline{p}\,q \lor \overline{p}\,\overline{r}\,q$"也是等价的。因此（2）又可以进一步简化为：

（3）$\overline{p}\,q$

（1）比起我们原来的模式，就已经很简单了，就更不要说（2）和（3）了。这就是等价转换的功效。

最后，我们举一个例子，先用真值分析法来检验模式间的蕴涵关系，再用标准模式法来检验它们之间的蕴涵关系，再用证明法证明它们之间确实存在着蕴涵关系。

现有 4 个模式，分别是：$(p \lor q) \to (p \to \overline{q})$，$(p \to \overline{q}) \to (q \to r)$，$p \lor q$，$p \lor r$。这些模式中的最后一个为前三个所蕴涵。我们先用真值分析法给出检验。方法之一是检验以前三个模式的合取为前件，最后一个模式为后件的条件模式的有效性。方法之二是检验以前三个模式的肯定式和最后一个模式的否定式为合取肢的合取式的矛盾性。我们采用第一种方法。

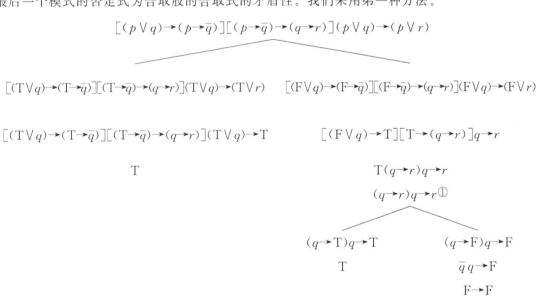

以上分析表明，无论该模式中的字母解释为真值为真的语句，还是解释为真值为假的语句，得到的例句一律都是真的，因此是一个有效模式。

---

① 如果有读者能一下子看出这个模式是有效的（上面的蕴涵和等价关系表中其实就有它），可以立即在其下方写出"T"，从而提前结束分析过程。同样，下面分析过程中出现的"$\overline{q}q$"是矛盾的，可以直接在其下方写上"F"。可见，能一眼看出一些有效模式和矛盾模式，是可以加快分析速度的。

接下来,我们用标准模式法来做检验,这要求将刚才用真值分析法检验的那个复杂模式转换为标准合取模式:

$[(p \lor q) \rightarrow (p \rightarrow \overline{q})][(p \rightarrow \overline{q}) \rightarrow (q \rightarrow r)](p \lor q) \rightarrow (p \lor r)$

$-\{[(p \lor q) \rightarrow (p \rightarrow \overline{q})][(p \rightarrow \overline{q}) \rightarrow (q \rightarrow r)](p \lor q)\} \lor (p \lor r)$ …条件式变形

$-\{[-(p \lor q) \lor (p \rightarrow \overline{q})][-(p \rightarrow \overline{q}) \lor (q \rightarrow r)](p \lor q)\} \lor (p \lor r)$ …条件式变形

$-\{[-(p \lor q) \lor (\overline{p} \lor \overline{q})][-(\overline{p} \lor \overline{q}) \lor (\overline{q} \lor r)](p \lor q)\} \lor (p \lor r)$ …条件式变形

$-[-(p \lor q) \lor (\overline{p} \lor \overline{q})] \lor -[-(\overline{p} \lor \overline{q}) \lor (\overline{q} \lor r)] \lor -(p \lor q) \lor (p \lor r)$ …德摩根定律

$(p \lor q) - (\overline{p} \lor \overline{q}) \lor (\overline{p} \lor \overline{q}) - (\overline{q} \lor r) \lor \overline{p}\,\overline{q} \lor (p \lor r)$ …德摩根定律,双重否定律

$(p \lor q)pq \lor (\overline{p} \lor \overline{q})q\overline{r} \lor \overline{p}\,\overline{q} \lor (p \lor r)$ …德摩根定律,双重否定律

$(p \lor q)pq \lor (\overline{p} \lor \overline{q})q\overline{r} \lor (\overline{p} \lor p \lor r)(\overline{q} \lor p \lor r)$ …析取对合取的分配律

$(p \lor q)pq \lor (\overline{p} \lor \overline{q})q\overline{r} \lor \overline{q} \lor p \lor r$ …简化

$(p \lor q)pq \lor (\overline{p} \lor \overline{q} \lor \overline{q} \lor p \lor r)(q \lor \overline{q} \lor p \lor r)(\overline{r} \lor \overline{q} \lor p \lor r)$ …析取对合取的分配律

到此,这个模式的有效性已经昭然若揭了。最后一行的这个析取模式中的后一个析取肢 "$(\overline{p} \lor \overline{q} \lor \overline{q} \lor p \lor r)(q \lor \overline{q} \lor p \lor r)(\overline{r} \lor \overline{q} \lor p \lor r)$" 是一个标准合取模式。该标准合取模式是一个有效模式,因为它的每一个合取肢都含有同一字母及其否定式,因而都是有效的。因此最后一行作为一个有效模式和其他模式的析取模式,当然也是有效的。

最后,我们用证明法来证明最后一个模式确实为前三个模式所蕴涵。可以采用直接证明法,也可以采用间接证明法。先看直接证明法:

1. $(p \lor q) \rightarrow (p \rightarrow \overline{q})$ …前提

2. $(p \rightarrow \overline{q}) \rightarrow (q \rightarrow r)$ …前提

3. $p \lor q$ …前提

4. $q \rightarrow r$ …1,2,假言推理

5. $--p \lor q$ …3,双重否定律

6. $\overline{p} \rightarrow q$ …5,条件式定律

7. $\overline{p} \rightarrow r$ …4,6,假言推理

8. $p \lor r$ …7,条件式变形,双重否定律

再来看间接证明法。这时我们只需从前提的肯定式和结论的否定式中推出一个矛盾式即可。

1. $(p \lor q) \rightarrow (p \rightarrow \overline{q})$ …前提

2. $(p \rightarrow \overline{q}) \rightarrow (q \rightarrow r)$ …前提

3. $p \lor q$ …前提

4. $-(p \lor r)$ …结论的否定式

5. $\overline{p}\,\overline{r}$ …4,德摩根定律

6. $q \rightarrow r$ …1,2,3,假言推理、MP

7. $\overline{q} \lor r$ …6,条件式变形

8. $\overline{r}$ …5,联言拆分

9. $\overline{q}$ …7,8,选言推理

10. $\overline{p}$ …5,联言拆分

11. q …3,10,选言推理

12. $q \bar{q} \cdots 9, 11$, 联言合成

复习思考题六

1. 请用真值分析法检验下面两个模式间的等价性。（有余力者可以尝试用证明法来表明它们是等价的。）

$pq \lor qr \lor pr, (p \lor q)(q \lor r)(p \lor r)$

（提示：证明法中要反复运用合取对析取（或析取对合取）的分配律。因为等价关系就是双向蕴涵关系，所以在证明等价关系成立时，需要分别证明两个方向的蕴涵关系都成立，除非从证明的第二行开始，每一行都与上一行是等价的。）

2. 我们在本章中说到，矛盾模式只能为矛盾模式所蕴涵，请证明这一点。不矛盾模式（即一致模式）是否也只能为不矛盾模式所蕴涵？有效模式是否也只能为有效模式所蕴涵？无效模式是否也只能为无效模式所蕴涵？为什么？

3. 将模式"$pq \leftrightarrow r$"分别转换为标准析取式和标准合取式。

第七章　中场总结和预告

在逻辑应用层面上,语句是我们的出发点和归宿。我们介绍了四个语句层面的概念:逻辑真(有效句)、逻辑假(矛盾句)、蕴涵关系(有效推理关系)和等价关系。在这四个概念中,逻辑真和逻辑假是最基本的。我们只要从逻辑真或逻辑假的概念出发,就可以将其他三个概念说清楚。如果从逻辑假出发,我们可以将逻辑真解释为逻辑假的否定句,将"R 蕴涵 S"解释为"'R $\overline{S}$'是逻辑假",将"R 与 S 等价"解释为"'R $\overline{S}$'和'$\overline{R}$ S'都是逻辑假"。如果从逻辑真出发,我们可以将逻辑假解释为逻辑真的否定句,将"R 蕴涵 S"解释为"'R→S'是逻辑真",将"R 与 S 等价"解释为"'R→S'和'S→R'都是逻辑真"或"'R↔S'是逻辑真"。另外,等价关系可以看作是双向蕴涵关系,即:R 与 S 等价,当且仅当 R 蕴涵 S 而且 S 蕴涵 R。

但从逻辑理论的角度看,处于核心地位的却是语句模式。与语句层面的概念相对应,模式层面的概念也有四个:有效模式、矛盾模式、蕴涵关系和等价关系。它们之间的相互关系和语句层面的概念之间的相互关系相似。我们可以以有效模式或矛盾模式为出发点,进而解释其他三个概念。模式之间的等价关系同样可以解释为双向蕴涵关系。

语句层面的概念,归根到底要借助于模式层面的概念才能说清楚。虽然逻辑假概念可以用来定义其他三个概念,但什么是逻辑假呢? 我们还得诉诸模式层面的概念。现在我们就来梳理一下四个模式层面的概念与四个语句层面的概念之间的关系。

一个语句是逻辑真(有效句),当且仅当该语句是某个有效模式的例句;特别地,一个语句是真函真(真函有效句),当且仅当该语句是某个有效的真值函项模式的例句①。所谓有效模式是指所有例句都为真的模式。

一个语句是逻辑假(矛盾句),当且仅当该语句是某个矛盾模式的例句;特别地,一个语句是真函假(真函矛盾句),当且仅当该语句是某个矛盾的真值函项模式的例句。所谓矛盾模式是指所有例句都为假的模式。有效模式的否定式是矛盾模式,反之亦然。

两个语句之间存在着蕴涵关系,当且仅当这两个语句是存在着蕴涵关系的两个模式的匹配例句;特别地,两个语句之间存在着真函蕴涵关系,当且仅当这两个语句是存在着蕴涵关系的两个真值函项模式的匹配例句。两个模式间存在着蕴涵关系,当且仅当以第一个模式为前件,以第二个模式为后件的条件模式是有效的。

两个语句是等价的,当且仅当它们是存在着等价关系的两个模式的匹配例句;特别地,两个语句是真函等价的,当且仅当它们是存在着等价关系的两个真值函项模式的匹配例句。两个模式是等价的,当且仅当以这两个模式为成分的双条件模式是有效的。

在以上所有八个概念中,模式的有效性或矛盾性是最根本的。从它们中的任何一个出发,既可以解释同在模式层面的其他三个概念,也可以解释语句层面的所有概念。

我们这本书的目标是介绍逻辑推理的基本概念和技术。关于逻辑推理的基本概念,至此我

---

① 真函真或真函有效句在习惯上也被称为重言式。

们已经介绍完了。有效推理关系就是语句层面的蕴涵关系。语句层面的蕴涵关系,在语句层面上,可以归结为逻辑真或逻辑假,而逻辑真和逻辑假又可以归结为模式层面的有效性和矛盾性。我们也可以不以逻辑真和逻辑假为中介,而将语句层面的蕴涵关系直接归结为模式层面的蕴涵关系,而模式层面的蕴涵关系,最后还是要归结到模式层面的有效性或矛盾性上面来。

逻辑技术,从根本上说,就是据以表明模式的有效性或矛盾性的技术。目前,我们已经学会了如何用真值分析法来检验一个真值函项模式是否有效或是否矛盾的方法。因此,当我们碰到任何一个推理时,我们都可以从技术上说明这个推理是不是一个真函有效的推理,方法是分析出前提和结论是其匹配例句的一组真值函项模式,然后用真值分析法检验以前提模式的合取式为前件,以结论模式为后件的条件模式是不是有效的。在第一步的分析过程中,我们遵循肤浅分析原则:如果经过粗浅的分析而得到的模式就足以表明前提和结论之间的蕴涵关系,我们就无需深入分析下去。比如,要说明语句"中国在亚洲而且法国在欧洲"蕴涵它自身,我们只需将该语句用"p"表示即可,因为这样粗浅分析得到的一组模式(即"p"和"p")间就已经存在着蕴涵关系了。但是如果要说明语句"中国在亚洲而且法国在欧洲"蕴涵"中国在亚洲或者法国在欧洲",我们就不能只满足于说"中国在亚洲而且法国在欧洲"是"p"的例句了,因为这样一来,"中国在亚洲或者法国在欧洲"就只好用一个不同的字母(比如"q")来表示,但这一组模式(即"p"和"q")间并不存在蕴涵关系。为了表明这两个语句之间的蕴涵关系,我们必须诉诸一组更详尽的模式(比如"pq"和"$p \vee q$")。

要表明一个推理是真函有效推理,除了采用真值分析法外,我们还提到了证明法,提到了标准模式法。学有余力的读者可以尝试后两种方法,但这两种方法并不是必需的。重要的是记住:真值分析法对表明一个推理是不是真函有效推理,就已经足够了。

真函有效推理只是有效推理中的很小一部分,甚至是微不足道的一部分,大多数有效推理并不是真函有效推理。我们在第一章中曾谈到过一个这样的推理。该推理的前提是"有人爱所有人",结论是"每个人都有人爱"。虽然这个推理的有效性是一目了然的,但其有效性并不能仅仅诉诸真值函项结构得到说明:这两个语句所从属的一组匹配的真值函项模式只能写成"p"和"q",而这两个模式间根本就不存在蕴涵关系。真值函项分析的局限性是明显的:前提和结论虽然是不一样的单个的语句,但这两个语句却包含一些相同的词汇(最显眼的是其中的"爱"字),而这种相同性在真值函项分析中并不能得到体现。因此,要想说明这个推理的有效性,我们的分析就不能止步于语句层面,而必须深入到语词的层面。我们对逻辑模式的理解不能局限于真值函项模式(其中只包含语句字母和真值函项联结词),而要扩展到所谓的量化模式。学会分析语句的量化结构,这是我们在下半场要做的第一件事情。

但即使量化模式已经在手,还有一个问题需要解决,那就是如何表明量化模式的有效性的技术。对真值函项模式的有效性,我们可以用真值分析法来检验,得出肯定或否定的结论。但对于一般的量化模式,这种方法就不再适用了。发展出新的检验技术(纯存在式方法)以检验一个量化模式是否有效,和新的证明技术(奎因方法)以证明一个有效量化模式确实是有效的,这是我们在下半场要做的第二件事情。

读者朋友,请跟随着我继续前行吧!

第八章 谓词和谓词字母

我们很早就在语文课本上知道,简单句(即只有一个成分句的语句)可以分析为一个主词(或主语)和一个谓词(或谓语)。主词用来命名或指称一个语句所谈论的对象,谓词则用来描述这个对象。举例说明:

(1)梁山伯爱祝英台。

这个语句的主词是"梁山伯",它是这个语句所谈论的梁山伯这个对象的名字。谓词是"…爱祝英台",它是对梁山伯的描述。这自然是不错的。但这个语句的主词和谓词其实也可以看成是"祝英台"和"梁山伯爱…";祝英台和梁山伯一样,也是这个语句所谈论的对象,而描述祝英台的正是"梁山伯爱…"这个短语。甚至,我们还可以认为,这个语句有两个主词:"梁山伯"和"祝英台",而谓词则是"…爱…"。因此,即使要把一个语句分析为主词和谓词,结果也不一定是唯一的。

我们再看一个例句:

(2)雪是白的。

据说,这个语句的主词是"雪",谓词则是"…是白的"。但是,很显然,与"梁山伯"和"祝英台"不一样,"雪"根本就不是名字。因此,将(2)看成是一个主词加谓词的语句是并不恰当的。我们今后将会看到更有说服力的分析。

我们将保留"谓词"这个术语,而且我们对它所赋予的新含义仍会让人想到它的旧含义,只是不再认为语句都可分析为一个主词和一个谓词。这个态度并不是全新的,事实上,我们没有人会想到要将复合句(比如合取句"梁山伯爱祝英台,而且罗密欧爱朱丽叶")分析为一个主词和一个谓词。与谓词相对的则是单独词项,至于"主词",将不再被认为是一个专业词汇。

所谓谓词,就是那些用来描述对象的词。单独词项则是那些用来命名或指称某个对象的词;单独词项可以是名字(即语法书上所说的专有名词),如"鲁迅""北京""金星"等等,也可以是所谓的单独摹状词,其一般形式是"那个如此这般的东西",比如"那个写了《三国演义》的人"(即"《三国演义》的作者"),"那个是当今法国国王的人"(即"那个当今法国国王",这个例子因为是罗素提出的而声名大噪),等等。谓词是我们要首先加以考察的,至于对单独词项的逻辑处理,我们将放到最后一章再谈。

谓词可以区分为一位谓词和多位谓词。一位谓词,也称性质词,是用来描述单个事物的性质的词,比如上述例句(2)中的"…是雪"和"…是白的",以及从例句(1)中分析出来的"梁山伯爱…"和"…爱祝英台"。"…是雪"可以用来描述任何一处雪,"…是白的"可以用来描述任何一个白色的物体,"梁山伯爱…"可以用来描述任何梁山伯所爱的东西,"…爱祝英台"可以用来描述任何爱祝英台的东西。而多位谓词,也称关系词,是用来描述两个或两个以上的事物之间关系的词。上述例句(1)中的"…爱…"就是一个二位谓词,它描述的既不是梁山伯,也不是祝英台,而是这两个人之间的关系。我们在数学中常见的"…大于…""…小于…""…等于…""…是…的平方""…是…的正弦"等等,都是二位谓词,它们说的是两个数之间的关系。日常语言中常见的"…是…的儿子""…是…的母亲"等表示亲属关系的词,以及"…在…的南方""…在…的后面"等表示方位关系的词,也是二位谓词,它们说的是两个人或两个地点之间的关系。三位谓词的例子也很常见,比如"…在…和…之间""…把…给予…"等等。更高位的谓词也可以找到,比如"…为…向…付出…"就是一个四位谓词。

高位谓词和它的一个或多个主语或补足语相结合可以形成低位谓词。前面已经见到从二位谓词"…爱…"可以形成一位谓词"…爱祝英台"("…爱…"加"祝英台")和"梁山伯爱…"("梁山伯"加"…爱…"),虽然"…爱…"描述的是两个人之间的关系,但"…爱祝英台"却可以用来描述每一个爱祝英台的对象,"梁山伯爱…"则可以用来描述每一个被梁山伯所爱的对象。同样,虽然"…是…的儿子"是用来描述两个人之间关系的二位谓词,但"…是岳飞的儿子"("岳飞"加"…是…的儿子")却是一个一位谓词,可以用来描述岳飞的任何一个儿子。同样,"…在…和…之间"虽然是个三位谓词,但"…在北京和南京之间"("北京""南京"加 "…在…和…之间")却是个一位谓词。

在一般读者的印象中,谓词应该是动词或动词短语。但从逻辑上讲,这个限制是不必要的。谓词可以是动词或动词短语,也可以是名词或名词短语,还可以是形容词或形容词短语,甚至可以是介词或介词短语。"…爱祝英台"(动词短语)诚然可以用来描述对象,"…是岳飞的儿子"(名词性短语)、"…是桌子"(名词)、"…是白的"(形容词)①、"…在北京和南京之间"(介词短语),同样未尝不可。事实上,所有谓词都可以改写成名词。"…爱祝英台"可以改写为"…是爱祝英台的东西",显然"梁山伯爱祝英台"和"梁山伯是爱祝英台的东西"这两种说法的意思是一样的。同样,"…是白的"可以改写为"…是白的东西","…在北京和南京之间"可以改写为"…是在北京和南京之间的东西"。同样显然的是,"雪是白的"和"雪是白的东西"这两种说法,以及"徐州在北京和南京之间"和"徐州是在北京和南京之间的东西"这两种说法,意思也是一样的。以上举的是一位谓词。多位谓词也可以这样改写,只不过是比一位谓词更不自然的改写。比如"…爱…"可以改写为"…和…是其中第一个对象爱第二个对象的有序对";"梁山伯爱祝英台"和"梁山伯和祝英台是其中第一个对象爱第二个对象的有序对"的意思是一样的。"…在…和…之间"可以改写为"…、…、…是由三个对象所组成的有序组,其中第一个对象在第二个对象和第三个对象之间";"徐州在北京和南京之间"和"徐州、北京、南京是由三个对象所组成的有序组,其中第一个对象在第二个对象和第三个对象之间"的意思是一样的。在下一章,我们会讲到谓词名词化的一个一般方法。

和语句有真假不同,谓词并无真假可言。但谓词却可以对许多对象(或对象序列)是真的,或对某个对象(或对象序列)是真的,或对任何对象(或对象序列)都不是真的。换言之,谓词虽然没有真值,但却可以有它的外延。一位谓词的外延,就是它所适用的或对之为真的所有对象的集合。"…是人"的外延是所有人所组成的集合,即人类;"…是地球的自然卫星"的外延是地球的所

---

① 以上三个谓词中的系动词"是"并无实义,只是名词性谓词和形容词性谓词的标记。在英语中介词性谓词同样也需带上这个标记,如下一个谓词"…在北京和南京之间",在英语中就要说成"…be between Beijing and Nanjing"("…是在北京和南京之间")。这种标记是对日常语法的屈服。在日常语言中,一个完整的语句必须要有动词。"岳云岳飞的儿子""这桌子""那白的",如果作为语句看,都是缺动词的病句,改正方法是在中间插入系动词"是"。要将作为谓词标记的系动词"是"和表示等同关系的二位谓词"…是…"(如"鲁迅是周树人"中的"…是…")区别开来,二位谓词"…是…"其实就是"…等于…"。

有自然卫星所组成的集合,即以月球为唯一元素的集合;"…是方圆"的外延是所有既方又圆的东西所组成的集合,因此是空集。多位谓词的外延,就是它所适用的或对之为真的所有对象序列所组成的集合,比如,二位谓词"…爱…"的外延是所有符合下述条件的有序对组成的集合,其中每一个有序对中的第一个对象爱第二个对象,因此有序对<梁山伯,祝英台><祝英台,梁山伯><罗密欧,朱丽叶>都是"…爱…"的外延中的一员。注意:<梁山伯,祝英台>和<祝英台,梁山伯>是两个不同的有序对;如果梁山伯爱祝英台,而祝英台并不爱梁山伯,那么,虽然<梁山伯,祝英台>是"…爱…"的外延中的一员,但<祝英台,梁山伯>并不是。令人奇怪的是,有些谓词根本没有外延,这一点是罗素首先发现的。他举例说,谓词"…不属于自己"就是这样一个谓词,我们甚至都不能无矛盾地说它的外延是空集。(见本书最后一章)

当我们将具体语句中的被真值函项联结词所联结的成分句代之以中性的语句字母("p""q""r"等等)时,就得到了它所从属的真值函项模式,它具有这个真值函项模式所示的逻辑结构。如果我们对语句的逻辑结构的分析继续深入,深入到语词层面,提取模式的方法在实质上也是一样的,即把具体语句中的谓词代之以中性的谓词字母("F""G""H"等等)。如果我们将"梁山伯爱祝英台"中的谓词"…是爱祝英台的东西"(这是对"…爱祝英台"的名词化处理)换上谓词字母"F",就得到"梁山伯是 F"。显然,"梁山伯爱祝英台"(也即"梁山伯是爱祝英台的对象"),就是"梁山伯是 F"中的谓词字母"F"被具体的谓词"…是爱祝英台的对象"替换后所形成的例句。当然,根据本章一开始的分析,"梁山伯爱祝英台"也可视为模式"祝英台是 F"的例句(F:…是被梁山伯所爱的对象),也可以视为"<梁山伯,祝英台>是 F"的例句(F:…和…是其中第一个对象爱第二个对象的有序对)。

由于我们的设施还没有准备完毕,所以上面所得到的"梁山伯是 F"等模式,严格说来还只是不完全的模式,因为这些所谓模式中仍然包含了指称具体对象或具体对象的有序组的单独词项,而在完全的模式中只能有逻辑词汇和模式字母。但我们现在就可以向读者报告一个好消息,为了分析出比真值函项模式更深刻的语句模式,我们只需要语句字母和谓词字母这两套模式字母。进一步地,由于任何语句都可以对其进行谓词分析,因此,谓词字母是我们在理论上需要用到的模式字母的全部。① 现代逻辑也被称为谓词逻辑,原因正在于此。经过现代逻辑处理过的语句,所涉及的题材(政治的、经济的、科学的,可以是任何方面的题材)完全由其中的谓词所体现,而谓词之外的一切都属于逻辑结构。所有谓词在语句模式中都变成了稻草人一样的谓词字母,只有一个谓词是个例外——表示等同关系的二位谓词"=",它像逻辑词汇一样,可以继续出现在语句模式中,因而被称为逻辑谓词。(见最后一章)

复习思考题八

各写出 5 个一位谓词和二位谓词,尽量使它们的词性多样化。

---

① 当然,我们会继续保留语句字母这一设施,因为在很多语境中,有些语句可以作为一个整体对待而无需进一步分析,从而用一个语句字母来表示,这样做并不影响逻辑的论证。

第九章　谓词提取和变项

在上一章中,我们指出谓词的表达形式可以不拘于动词和动词短语。除了可以表达为动词外,谓词还可以表达为普通名词和形容词,也可以表达为介词。在这一章中,我们将发展出一种统一的、整体说来更加方便的谓词名词化表达形式。这种表达形式就是所谓的关系从句。它不会出现在语句模式中,也不会出现在推理技术中,但它对于我们理解谓词、变项和量词的概念,对于顺利地形成模式的例句和子模式,有着非常大的帮助。

关系从句在汉语中并不经常被使用,即使在被使用时也不那么像是一个语句。但在英语中,关系从句不但经常被使用,而且一眼就能看出,完整的语句形式和关系代词是它们的明显标志。

从一个给定语句中提取出描述某个对象的谓词,并且把该语句关于该对象的所有信息包括在内(这样的谓词可称为该语句关于该对象的全息谓词),有时是很容易的。比如,我们从语句"梁山伯爱祝英台"中就可以很容易地写出描述梁山伯的全息谓词,这就是"…爱祝英台"。同样地,描述祝英台的全息谓词可以表达成"梁山伯爱…"。但有时这样的全息谓词并不是一目了然的。请看下面这个例句:

(1)I bought Fido from a man who found him. (我从某个发现菲多的人那里买下了他。)

描述菲多的谓词并不难找到,可以是"我买…",也可以是"某人发现…",但它们都不是全息谓词。即使这两个谓词合在一起形成的新谓词"我买而且某人发现…",也仍不是全息的,因为(1)对菲多所说的不只是我买下了他而且某人发现了他,(1)还传达了下面的信息:买下他的那个人(也就是我)和发现他的那个人是有关系的,前者从后者那里买下了他。

在英语中我们可以很方便地把菲多的所有信息包括在下面的关系从句中:

(2)that I bought from a man who found him.

这个关系从句形成的是一个名词化的谓词:我从某个发现他的人那里买下他的对象①。

关系从句设施同样可以从"梁山伯爱祝英台"中提取出描述梁山伯的谓词:who loves Zhu(爱祝英台的对象),同样也可以从中提取出描述祝英台的谓词:whom Liang loves(梁山伯所爱的对象)。将关系从句用于这些简单的例子,会让人有一种杀鸡用牛刀的感觉。但这里的要点是:关系从句可用作提取谓词的统一手段,这种方法不加区别地适用于简单的和复杂的语境。

关系从句这一提取谓词的统一手段可以借助短语"如此以致"(such that)得到强化。在上面关于菲多的例子中,如果我们转向"如此以致",我们将得到:

---

① 关系从句在日常语法中一般被视为形容词短语。所以,我们这里将它解释为名词性谓词,并不符合日常语法。但我们已经指出过,谓词的名词化形式和其他形式(包括形容词形式)之间的区别从逻辑上看是无关紧要的,因此将关系从句理解为名词性谓词,从逻辑上看是完全说得通的。此外,从日常语法的角度看,此处省略了名词性谓词的系动词标志,完整的写法应是"…是我从某个发现他的人那里买下他的对象"。

(3)such that I bought him from a man who found him.（如此以致我从某个发现他的人那里买下了他。）

（3）和（2）说的是同一回事。但（3）更加容易构造。构造（3）的方法如下：先将"如此以致"置于（1）的句首形成以下的（4）：

(4)such that I bought Fido from a man who found him.（如此以致我从某个发现菲多的人那里买下了他。）

再将（4）中指称被描述的那个对象（菲多）的名词（也就是"菲多"）代之以代词（"他"），就得到了（3）。"如此以致"从句除了非常容易构造外，对于我们这些讲汉语的人来说还有一个额外的优点，那就是它要比普通的关系从句显得自然，甚至在很多情况下比未加修饰的谓词也要显得自然。我们借助"如此以致"从句，从"梁山伯爱祝英台"中提取到的描述梁山伯的谓词是"如此以致他爱祝英台"，而描述祝英台的谓词则是"如此以致梁山伯爱她"，它们显然要比未经关系从句处理的谓词"…爱祝英台"和"梁山伯爱…"更加自然。

我们的关系从句（3）实际上是一个内部嵌套了另一个关系从句（"who found him"）的关系从句。把这个位于内层的关系从句改写成"如此以致"从句，我们就得到：

(5)such that I bought him from a man such that he found him.（如此以致我从某个人（如此以致他发现了他）那里买下了他。）

至此，一个潜在的歧义性浮出了水面：他发现了他，到底哪个他发现了哪个他？

这个问题并不难得到解决。我们只需用不同的字母来区别有歧义的代词，然后再将每一个"如此以致"标记上适当的字母。我们用"y"和"x"标记"他发现了他"中处于不同位置的"他"，便得到"y发现了x"。显然，与"x"配套的是第一个"如此以致"，我们在它前面也标上"x"；与"y"配套的是第二个"如此以致"，我们在它前面也标上"y"。这样我们就得到：

(6)x such that I bought x from a man y such that y found x.（x如此以致我从某个人（y如此以致y买下了x）那里买下了x。）

经过这番处理，歧义性被清除掉了。字母"x""y"等等，被称为变项。它们的作用是标示语句中那些可以填入单独词项（如"梁山伯""祝英台""菲多"）的位置，相当于日常语言中的单数代词。读者不妨将不同的变项字母"x""y"等等，理解为带下标的代词"它$_1$""它$_2$"等等。

从此以后，我们把"x如此以致…x…"这样的从句，称为谓词提取，简记为"{x：…x…}"。例如，我们从语句（1）中得到的描述菲多的谓词提取，"x如此以致我从某个发现x的人那里买下了x"，可以记为：{x：我从某个发现x的人那里买下了x}。其中的"x："是该谓词提取的前缀"x如此以致…"的简写，可仍旧读成"x如此以致…"，也可读成更符合汉语表达习惯的"如此这般的x以致…"。同样地，从语句"梁山伯爱祝英台"中提取的分别描述梁山伯和祝英台的两个谓词提取是"{x：x爱祝英台}"和"{x：梁山伯爱x}"。

任何一位谓词都可以重新表达为这种形式。比如"伟大（的）"可以改写成"{x：x是伟大的}"，说孔子是如此这般的x以致x是伟大的，就是说孔子是伟大的。"桌子"可以改写成"{x：x是桌子}"，说这是如此这般的x以致x是桌子，也就是说这是桌子。"位于北京和南京之间"可以改写成"{x：x位于北京和南京之间}"，说徐州是如此这般的x以致x位于北京和南京之间，就是说徐州位于北京和南京之间。如此等等。

二位谓词和多位谓词也可以表达成谓词提取的形式。二位谓词提取的一般形式是：{xy：…

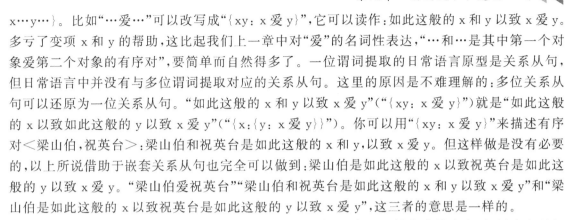

x…y…}。比如"…爱…"可以改写成"{xy：x 爱 y}"，它可以读作：如此这般的 x 和 y 以致 x 爱 y。多亏了变项 x 和 y 的帮助，这比起我们上一章中对"爱"的名词性表达，"…和…是其中第一个对象爱第二个对象的有序对"，要简单而自然得多了。一位谓词提取的日常语言原型是关系从句，但日常语言中并没有与多位谓词提取对应的关系从句。这里的原因是不难理解的：多位关系从句可以还原为一位关系从句。"如此这般的 x 和 y 以致 x 爱 y"（"{xy：x 爱 y}"）就是"如此这般的 x 以致如此这般的 y 以致 x 爱 y"（"{x：{y：x 爱 y}}"）。你可以用"{xy：x 爱 y}"来描述有序对＜梁山伯,祝英台＞：梁山伯和祝英台是如此这般的 x 和 y，以致 x 爱 y。但这样做是没有必要的，以上所说借助于嵌套关系从句也完全可以做到：梁山伯是如此这般的 x 以致祝英台是如此这般的 y 以致 x 爱 y。"梁山伯爱祝英台""梁山伯和祝英台是如此这般的 x 和 y 以致 x 爱 y"和"梁山伯是如此这般的 x 以致祝英台是如此这般的 y 以致 x 爱 y"，这三者的意思是一样的。

在谓词提取"{x：我从某个发现 x 的人那里买下了 x}"中，"x"被称为约束变项，因为它是与前缀"x："（"如此这般的 x"）相配套的，也可以说是受到了"x："的约束。比较一下普通关系从句和"x 如此以致"从句（"x："从句），比如"whom Liang loves"（"梁山伯所爱的对象"）和"x such that Liang loves x"（"{x：Liang loves x}"，即"{x：梁山伯爱 x}"），不难看出，普通关系从句中的关系代词"that""which""who""whom"等等，其作用是一身而二任的，它们既是"x："从句中的引导词或前缀"x："，又是在这一前缀后面并受它约束的代词"x"。

如果我们将谓词提取"{x：我从某个发现 x 的人那里买下了 x}"中的前缀"x："去掉，得到的将是"我从某个发现 x 的人那里买下了 x"。这不再是个谓词，而是像"我从某个发现菲多的人那里买下了菲多"一样，是一个语句。两者的不同之处只在于，前者含有未受约束的变项，即自由变项，后者不含有这样的变项。由于含有自由变项的缘故，"我从某个发现 x 的人那里买下了 x"严格说来并不是个完整的语句；它既不真的，也不是假的，你只能说这个语句对于这个对象（比如对于菲多）是真的，对于那个对象是假的。像这种含有自由变项的语句可称为开语句。而不含有自由变项，从而有真假可言的语句则被称为闭语句。自由变项相当于日常语言中无法根据上下文确定其指称的代词，而开语句则相当于含有这种指称不明的代词的语句。

变项字母的可选择性，对于避免歧义是必需的。哪些代词受关系代词的约束因而是约束变项，哪个约束变项受哪个关系代词约束，以及哪些代词不受关系代词的约束因而是自由变项，不同位置上的自由变项所指的是否一定是同一个对象，所有这一切，借助于字母的帮助，都将一目了然。

在日常语言中，代词有时只是在回指前文出现的某个名词，它的作用仅在于避免重复这个名词。比如"张三走进他的办公室"中的"他"其实就是"张三"。这也是"代词"这个术语的由来：代词，代名词也。这种代词在逻辑上并没有什么价值。在逻辑分析中，为清楚起见，我们甚至需要将这样的代词还原为它所回指的名词，比如将"张三走进他的办公室"改写成"张三走进张三的办公室"。

逻辑上真正有价值的代词是我们这里所讲的变项。日常语言中的有些代词必须被解释为约束变项。请看下面这个语句：

（7）约翰偷了一块手表,而且把它卖了。

这里的"它"就不能理解为前面出现的单数名词"一块手表"。因为（7）并不仅仅是在说：

（8）约翰偷了一块手表,而且把一块手表卖了。

在（7）中,被偷和被卖的是同一块手表,但在（8）中,这两块手表可能是同一块,也可能不是同一块,(8)本身不能告诉我们是哪一种情形。(7)之所以能传达出这两块手表是同一块这个信息,借助的正是约束变项,这一点在对(7)进行适当改写后就很清楚了:

(9)约翰偷了一块手表 x 如此以致约翰把 x 卖了。

(10)约翰偷了一块手表 y 如此以致约翰把 y 卖了。

(7)中的"它"正是(9)中受到"x 如此以致"约束的"x",或者(10)中受到"y 如此以致"约束的"y"。(9)和(10)的意思是一样的,只是约束变项选用了不同的字母而已。(8)作为"约翰偷了一块手表"和"约翰卖了一块手表"的单纯合取,无法表达偷表和卖表这两件事情中的表是同一块表这种紧密的联系,要做到这一点,必须将合取置于关系代词"x 如此以致"的管辖下。(7)和(8)之间的对比,在下面的表达中将更加清楚:

(11)有一块手表是如此这般的 x 以致(约翰偷了 x,而且约翰卖了 x)。

(12)有一块手表是如此这般的 x 以致约翰偷了 x,而且有一块手表是如此这般的 x 以致约翰卖了 x。

在(11)中,合取句"约翰偷了 x,而且约翰卖了 x"在关系代词"如此这般的 x 以致"的管辖下。而在(12)中,尽管"约翰偷了 x"和"约翰卖了 x"各自分别受到一个关系代词"如此这般的 x 以致"的管辖,但没有一个关系代词可以同时管辖到"约翰偷了 x"和"约翰卖了 x"这两者。

语句的基本功能是用来下判断,但能够对之下判断的语句只能是有真假可言的语句或闭语句。这并不意味着自由变项和开语句不重要。相反,自由变项和开语句从逻辑上讲是更加根本的。在谓词逻辑中,所有语句都可以看成是由开语句复合而成的。当然这里的复合手段不能只是真值函项,开语句的真值函项仍是开语句。要从开语句中产生出闭语句,必须用到关系代词。可以归结为前缀"x 如此以致"("x:"),"y 如此以致"("y:"),等等。借助于关系代词,我们才能使原来自由的变项不再自由,从而最终形成不含自由变项的、可以被判断为真或判断为假的闭语句。

约束变项和自由变项只是变项的两种不同的状态或两种不同的出现方式,脱离语境问一个变项到底是自由的还是约束的,是没有意义的。比如,x 在"{x:我从某个发现 y 的人那里买下了 x}"中是受到约束的,而在"我从某个发现 y 的人那里买下了 x"中则是自由的。而 y 在这两者中,则都是自由的。

变项的概念,虽然从逻辑的角度看,就根植于日常语言中,但从历史上看,它最早只是出现在数学方程式和函数式[1]中,在方程式中它被称为未知数,而在函数关系式中则被称为变数或变量;只是在后来才由德国数学家、现代逻辑的创立者弗雷格从数学中引入到语句分析中来(1879年)。有了变项,对逻辑推理的研究,才突破了传统逻辑中的三段论理论的局限。三段论理论只能处理一部分关于性质词(一位谓词)的推理,而现代逻辑则不但可以处理一位谓词,也可处理多位谓词(关系词),而且对一位谓词和多位谓词的处理所遵循的是同样的原理。这一点,随着这本书的展开,我们很快就能领略到。

有了变项的概念,我们就可以写出除单个语句字母("p""q"等等)之外的最简单的模式或原

---

① 方程式和函数关系式,比如,"$x-5=8$""$y=x^2$"等等,实际上都只是含有自由变项的开语句,而与之形成对照的则是"$21-5=8$""$16=4^2$"之类的闭语句。当我们说方程式"$x-5=8$"有解时,用逻辑的语言来表达,就是:某些数是如此这般的 x 以致 $x-5=8$。而当我们说存在着满足函数关系式"$y=x^2$"的数时,用逻辑的语言表达,就是:存在着如此这般的数 x 和 y 以致 $y=x^2$。

子模式了。每一个这样的原子模式都包含一个谓词字母,并附上一个或几个充当主词(或补足语)的变项字母。"Fx""Gx""Fy"等等,是一位简单模式。而"Gxy""Gxx""Hxyz"等等,则是二位和多位简单模式。这些简单模式由于含有自由变项,因此都是开语句模式,它们的例句当然也就只能是开语句。以"Fy"为例,它的例句可以是任何含有自由变项"y"的语句,比如"y是聪明的""梁山伯爱y""我从某个发现y的人那里买下了z""我从某个发现y的人那里买下了y"等等。

在这些例句中,"F"所代表的谓词,有时是简单而自然的,比如上面第一个例子中的"聪明的",但有时并没有简单而自然的表达。但这并不构成问题,因为我们总可以诉诸谓词提取(机制见下一段)。我们可以将上面前三个例句中"F"所代表的谓词分别写成"{x:x是聪明的}""{x:梁山伯爱x}""{x:我从某个发现x的人那里买下了z}"。在第四个例句中,"F"所代表的谓词可以有三种解释,可以是"{x:我从某个发现x的人那里买下了x}",也可以是"{x:我从某个发现x的人那里买下了y}",还可以是"{x:我从某个发现y的人那里买下了x}"。至于我们已经熟悉的"p""q"等等的原子模式,它们的例句则可以是任何语句:既可以是开语句,也可以是闭语句。

现在让我们再次回到谓词提取的话题。我们已经看到,我们可以从语句中提取出描述某个对象的谓词提取。我们也可以反过来,用某个谓词提取来描述某个对象,从而形成一个语句。比如,我们用谓词提取"{x:梁山伯爱x}"来描述y,就得到语句"y是{x:梁山伯爱x}"(简记为"{x:梁山伯爱x}y"),翻译出来就是"y是如此这般的x以致梁山伯爱x",也即"梁山伯爱y"。一般地,谓词提取"{x:…x…}"当用来描述y时,就成了"…y…";"{x:…x…}y"(y是如此这般的x以致如此…x…)和"…y…",这两种说法是等价的。从"…y…"中提取出谓词"{x:…x…}"的过程,被称为谓词提取的过程。而相反的过程,即将"{x:…x…}y"还原为"…y…"的过程,则被称为谓词提取的具体化过程。

对于任何谓词"F"来说,不论它是不是以谓词提取形式出现,它和"{x:Fx}"表达的都是同一个谓词。如果"F"是"聪明的"这样的简单谓词,它与它的谓词提取形式"{x:x是聪明的}",表达的当然是同一个谓词。但即使"F"只能表达为谓词提取形式,比如上面的"{x:我从某个发现x的人那里买下了x}",这一点也是成立的。在这种情况下,"F"("{x:我从某个发现x的人那里买下了x}")本身就是谓词提取,它的谓词提取"{y:Fy}"则是"{y:{x:我从某个发现x的人那里买下了x}y}"。这两者也是同一个谓词,因为后者"{y:{x:我从某个发现x的人那里买下了x}y}"中的"{x:我从某个发现x的人那里买下了x}y",正是"我从某个发现y的人那里买下了y"。因此,我们有这个一般的结论:对于任何谓词"F"而言,"F"与"{x:Fx}"之间,以及"Fy"与"{x:Fx}y"之间,都是等价的。

最后,我们总结一下这一章的内容。我们介绍了谓词提取的概念。谓词提取就是关系从句的改进形式"{x:…x…}""{y:…y…}"等等。然后我们引出了变项的概念。变项的原型是日常语言中的代词,它的作用是用来标记语句中单独词项可以出现的位置,但又不同于日常语言中起代名词作用的代词,后者只起避免首语重复的作用。变项有两种出现方式:约束状态和自由状态。约束变项的原型是关系从句中受关系代词所约束的代词。没有受到关系代词约束的变项则是自由变项。有了变项的概念,我们便可以构造除语句字母之外的原子模式,如"Fx""Gxy""Hxyz"等等。我们还讲到了谓词提取的具体化。谓词提取的具体化是指将"{x:…x…}y"还原为"…y…"的过程。用某个谓词"F"描述某个对象y,与用该谓词的谓词提取形式"{x:Fx}"描述这同一个对象y,得到的是同样的语句"Fy"。

复习思考题九

1. 从下列语句中提取出描述被指定的对象或对象有序组（附在语句后面括号内）的全息谓词。

(1)玛丽喜欢游泳。（玛丽）

(2)有人告发了张三。（张三）

(3)潘金莲毒杀了她的丈夫。（潘金莲）

(4)江苏位于中国的东部。（＜江苏,中国＞）

(5)25 是 5 的平方。（＜25,5＞）

2. 展开下面的语句,使其中的谓词提取具体化。

(1)中国是｛x：x 是世界上人口最多的国家｝

(2)｛x：x 白天在 x 的姐姐的第一任丈夫的公司里上班,晚上出席 z 的婚礼｝y

第十章　量词

我们在上一章中说过,开语句从逻辑上讲是更加根本的。在谓词逻辑中,闭语句都可以看成是由开语句复合而成的。现在我们就来看看开语句怎样复合成闭语句。

假定我们的出发点是下面的开语句:

(1) x 是聪明的。

闭语句是不含有自由变项的语句,因此要想从(1)中构造出闭语句,我们得让其中的自由变项"x"受到约束。这很容易做到,只要在这个语句之前加上前缀"x:"("如此这般的 x 以致")就可以了:

(2) {x:x 是聪明的}

这并不是一个语句,而是一个谓词,一个谓词提取。但我们只需用它来描述某个具体对象,比如汤姆,就可形成一个语句:

(3) 汤姆是{x:x 是聪明的}(汤姆是如此这般的 x 以致 x 是聪明的。具体化处理后就是:汤姆是聪明的。)

像这种用谓词描述某个明确指定的对象的语句,被称为谓述句。谓述句在日常语言中是经常可见的,但它的逻辑结构却并不是最简单的。在逻辑结构上比谓述句更简单的是所谓量化句。量化句有存在量化句和全称量化句之分。它的形成也有两个步骤。第一个步骤和谓述句形成的步骤相同,也是让开语句(1)中的自由变项去自由化,得到(2)。第二个步骤并不是用(2)这个谓词描述某个具体对象,而是用它笼统地描述对象:

(4) 有些①对象是{x:x 是聪明的}(有些对象是如此这般的 x 以致 x 是聪明的。具体化:有些对象是聪明的。)

(5) 每个对象是{x:x 是聪明的}(每个对象是如此这般的 x 以致 x 是聪明的。具体化:每个对象是聪明的。)

(4)和(5)才是谓词逻辑中最基本的句型。谓词逻辑中的一个重要任务是将所有语句(谓述句也包括在内)都改造成"有些对象是如此这般的 x 以致…x…"或"所有对象是如此这般的 x 以致…x…"这样的句型。这两种句型的前缀,即"有些对象是如此这般的 x 以致"("有些对象是{x:}")和"所有对象是如此这般的 x 以致"("所有对象是{x:}"),被分别称为存在量词和全称量词,简记为"∃x"和"∀x"。采用这一简写的记号,(4)和(5)可以写成:

(6) ∃x(x 是聪明的)

(7) ∀x(x 是聪明的)

---

① "有些"这个词在这里的准确含义是"至少有一个"。

41

从理论上讲,我们只需要一个量词即可,因为存在量词和全称量词是可以互相定义的。说有些对象是聪明的,也就是说并非所有对象都不聪明;同样地,说所有对象是聪明的,也就是说并不存在不聪明的对象。"∃xFx"和"﹣∀x﹣Fx"这两者是等价的;同样地,"∀xFx"和"﹣∃x﹣Fx"这两者也是等价的。但从技术上讲,保留这两个量词是更方便的,这一点,读者在后面学习推理技术时将会了解到。

在日常语言中,以纯粹的量词"有些东西是如此这般的"或"所有东西都是如此这般的"开头的语句不是没有,但比较少。更常见的表达是这样的:

(8)有些蛇是有毒的。

(9)所有人都有一死。

传统逻辑中的三段论理论研究的就是这样的语句,以及以这样的语句为前提和结论的推理。这样的语句有个专门的名称,即"直言句",有全称直言句和特称直言句之分,它们各自又有肯定和否定之分。照这个分类标准,(8)和(9)分别是特称肯定(直言)句和全称肯定(直言)句。① 用谓词提取来描述有些蛇和所有人,我们得到:

(10)有些蛇是如此这般的 x 以致 x 是有毒的。

(11)所有人是如此这般的 x 以致 x 会死。

它们显然不同于:

(12)有些对象是如此这般的 x 以致 x 是有毒的。
    ∃x(x是有毒的)

(13)所有对象是如此这般的 x 以致 x 会死。
    ∀x(x会死)

(10)和(11)中的前缀"有些蛇是如此这般的 x 以致…"和"所有人是如此这般的 x 以致…"并不是纯粹的量词。现在我们来看看如何能将(10)和(11)改造成以纯粹量词开头的语句。

(10)并不只是断言有些对象是有毒的,而是在断言有些对象既是蛇又是有毒的。因此(10)可以改写成:

(14)有些对象是如此这般的 x 以致(x 既是蛇又是有毒的)。
    ∃x(x是蛇·x是有毒的)

(11)并不是在无条件地断言每一个对象都会死,而是在断言每一个是人的对象都会死。因此(11)可以改写成:

(15)所有对象是如此这般的 x 以致(如果 x 是人那么 x 会死)。
    ∀x(x是人→x会死)

----

① 在传统逻辑中,这四种直言句都有专门的代号。全称肯定句(A):所有人都会死。全称否定句(E):所有人都不会死。特称肯定句(I):有些人会死。特称否定句(O):有些人不会死。需要注意的是,传统逻辑对这四种直言句的命名具有误导性,因为全称否定句严格来说并不是相应的全称肯定句的否定句,同样地,特称否定句严格来说也并不是相应的特称肯定句的否定句。显然"所有人都不会死"并不是"所有人都会死"的否定句,"有些人不会死"也不是"有些人会死"的否定句。从现代逻辑的角度看,全称否定句和特称否定句的名称是不准确的。

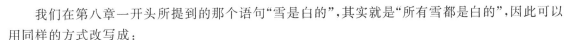

我们在第八章一开头所提到的那个语句"雪是白的",其实就是"所有雪都是白的",因此可以用同样的方式改写成:

(16)所有对象是如此这般的 x 以致(如果 x 是雪那么 x 是白的)。

　　∀x(x 是雪→x 是白的)

在第三章中,我们曾将"如果 p 那么 q"("$p→q$")定义为"并非(p 而且并非 q)"("$-(p\overline{q})$")。根据这一定义,(16)就是:

(17)∀x－(x 是雪·x 不是白的)

因为"∀xFx"和"－∃x－Fx"是等价的,所以(17)可以改写成:－∃x－－(x 是雪·x 不是白的)。去掉双重否定号,就得到:

(18)－∃x(x 是雪·x 不是白的)

这个语句所说的是:不存在雪而不白的东西。显然,这个说法与"雪是白的"这个说法的意思是一样的。以上分析表明,我们在第三章中对条件句的改写,也就是将"如果 p 那么 q"改写成"并非(p 而且并非 q)",是合理的。

有的读者可能会纳闷:"有些蛇是有毒的"为什么被分析为"∃x(x 是蛇·x 是有毒的)",而不是"∃x(x 是蛇→x 是有毒的)"?"∃x(x 是蛇→x 是有毒的)",仿照前面对"∀x(x 是雪→x 是白的)"的改写,可以改写成"－∀x(x 是蛇·x 无毒)",意思是说:并不是每一样东西都既是蛇而无毒的。这与"有些蛇是有毒的"所表达的并不是一回事。如果这一点,因为"有些蛇是有毒的"和"并不是每一样东西都既是蛇而无毒的"都为真,而看不大清楚的话,不妨换一个例子。"有些人身高在 5 米以上"这个语句是假的,它是不能解释为"∃x(x 是人→x 的身高大于 5 米)"的,因为与后者等价的"－∀x(x 是人·x 的身高不大于 5 米)",翻译出来就是"并不是每一样东西都既是人而且身高不足 5 米",而这明显是真的。

谓词逻辑中的一个重要任务是将所有语句(谓述句也包括在内)都改造成"有些对象是如此这般的 x 以致…x…"或"所有对象是如此这般的 x 以致…x…"这样的句型。这种改写本身就很重要,因为它能让我们更准确更深刻地理解正在讨论的语句。另外它还是正式的逻辑论证的必要准备。推理技术直接针对的是模式的有效性、模式之间的蕴涵关系和等价关系,但如果你连语句所从属的模式都写不出来,就更谈不上运用这些技术了。

上面所谈到的那两个语句,"有些蛇有毒""所有人都会死",相对说来是比较容易处理的,因为它们本身就含有明显的量词标记"有些"和"所有"。"雪是白的"中并没有这样的标记,但仍是比较容易处理的,因为我们容易想到"雪是白的"就是"所有雪都是白的"。建议我们的读者从处理这些比较容易的语句入手,等到比较熟悉了,再来思考量化结构不那么一目了然的语句。我们举一些这样的例子,大家可以好好体会一下。

(19)万物非神,唯有安拉。(There is no god but Allah.)

这句话出自《古兰经》,它并不是说根本不存在神,而是说不存在除安拉之外的神,因此,它可以写成:

　　－∃x(x 是神·x≠安拉)

(20)我遇到一个人。

　　∃x(x 是人·我遇到 x)

有些对象是如此这般的 x 以致 x 是人而且我遇到了 x。

(21)他走进教室时,学生在正在朗读。

∃x(x 是时刻・他在 x 这一时刻走进教室・学生们在 x 这一时刻正在朗读)

这里对时间的量化要好好体会。这句话说的是,在某个时刻,同时发生了他走进教室和学生在朗读这两件事情。

(22)中国人用筷子吃饭。

这个语句可以分步改写。第一步,我们可以把它改写成:

∀x(x 是中国人→x 用筷子吃饭)

接下来,我们再来分析其中的"x 用筷子吃饭":

∀y(y 是时刻・x 在 y 这一时刻吃饭→x 在 y 这一时刻用筷子)

再将这个结果代入前面的分析,得到完整的分析结果:

∀x[x 是中国人→∀y(y 是时刻・x 在 y 这一时刻吃饭→x 在 y 这一时刻用筷子)]

(23)对于任何给定的正数 ε,都能找到某个正数 δ,使得只要 x 与 k 的差的绝对值小于 δ 但不等于 0,f(x)与 h 的差值的绝对值就小于 ε。

这是数学书上对"函数 f(x)在 x＝k 处的极限是 h"这一说法所下的定义。用逻辑语言写出来就是:

∀ε[ε＞0→∃δ(δ＞0・∀x(0＜∣x−k∣＜δ→∣f(x)−h∣＜ε)]

任何对象都是如此这般的 ε 以致,如果 ε＞0,那么,有些对象是如此这般的 δ 以致,如果 δ＞0 而且 0＜∣x−k∣＜δ,那么,∣f(x)−h∣＜ε。

要注意的是这里量词的顺序。正如数学书上所强调的,在上述极限定义中,ε 和 δ 两者之中,最先选择的是 ε。我们在第一章中谈到的那个关于爱的推理中的前提和结论之所以是不同的,完全可以从量词的顺序中得到理解。

前提:有人爱所有的人。

这里最先选择是爱所有人的人:∃x[x 是人・∀y(y 是人→x 爱 y)]

结论:所有人都有人爱。

这里最先选择是有人爱的人:∀x[x 是人→∃y(y 是人・y 爱 x)]

前面曾经说过,语句的逻辑结构有浅层和深层之分,但我们在分析它们的结构时,遵循肤浅分析原则。这里再举一个例子。我们曾把"所有人都会死"分析为"∀x(x 是人→x 会死)"。这当然是不错的,但其实还可以进一步分析其中的"x 会死"。"x 会死"的意思是:x 死于某个时刻,即:∃y(y 是时刻・x 死于 y 这个时刻)。因此,"所有人都会死"的彻底分析应是:∀x[x 是人→∃y(y 是时刻・x 死于 y 这个时刻)]。但如果是要说明三段论"所有人都会死,苏格拉底是人,所以苏格拉底也会死"的有效性,上面比较初步的分析就已经足够了;既已足够,就没有必要劳神进一步分析了。

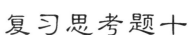

复习思考题十

将下列语句改写成以全称量词"所有东西是如此这般的 x 以致…"("∀x")或存在量词"有些东西如此这般的 x 以致…"("∃x")开头的语句：

(1)所有乌鸦都是黑的。（天下乌鸦一般黑。）

(2)所有人都不是完美的。（人无完人。）

(3)有些狗是温顺的。

(4)有些狗并不温顺。

(5)他是班上最高的学生。

(6)我不喜欢夸夸其谈的人。

(7)张三捡到一个钱包并还给了失主。

(8)如果我能坐火车去一个地方,我绝不坐飞机去。

(9)每个对象与自身等同。（同一律）

(10)每个对象与每个对象等同。

第十一章 量化模式及其有效性

在介绍了变项和量词这两类逻辑词汇后，现在我们终于可以来介绍何谓量化模式了。

首先，是最简单的模式，也就是原子模式，这些我们前面已经见到了，这就是语句字母"*p*""*q*""*r*"等等，以及附有变项的谓词字母"Fx""Gxy""Hxyz"等等。

再有就是复合模式。它们是原子模式通过真值函项联结词和量词复合而成的模式，比如"*p*→*q*""*p*→Fx""Fx→Gxy""∀xFx""∃xFx""∀x(Fx→Gy)""∀xFx→Gy""－∃xFx""－∀x(Fx→Gx)""－∀xFx→Gx""－(∀xFx→Gx)""∀x∃yGxy""∃x∀yGxy""*p*↔(∀xFx→Gy)""∀y(∀x[∃z(Fxz·Fzx)→－Fxy]→∃x[－Fxy·∀w(Fxw→－Fwx)])"等等。我们以最后一个比较复杂的模式为例，将它由原子模式复合而成的步骤一一列出来：

1. Fxz···原子模式
2. Fzx···原子模式
3. Fxy···原子模式
4. Fxw···原子模式
5. Fwx···原子模式
6. －Fwx···5 的否定式
7. Fxw→－Fwx···4,6,条件式
8. ∀w(Fxw→－Fwx)···7,全称量化
9. －Fxy···3 的否定式
10. －Fxy·∀w(Fxw→－Fwx)···9,8,合取
11. ∃x[－Fxy·∀w(Fxw→－Fwx)]···10,存在量化
12. Fxz·Fzx···1,2,合取
13. ∃z(Fxz·Fzx)···12,存在量化
14. ∃z(Fxz·Fzx)→－Fxy···13,9,条件式
15. ∀x[∃z(Fxz·Fzx)→－Fxy]···14,量化式
16. ∀x[∃z(Fxz·Fzx)→－Fxy]→∃x[－Fxy·∀w(Fxw→－Fwx)]···11,15,条件式
17. ∀y{∀x[∃z(Fxz·Fzx)→－Fxy]→∃x[－Fxy·∀w(Fxw→－Fwx)]}···16,全称量化

量化模式是在真值函项模式基础上的一次扩展。量化模式由原子模式复合而来的方式，可以是真值函项复合方式（否定、合取等等），还可以是量化复合方式（全称量化和存在量化）。因此，我们将量化模式区分为不含量词的模式和含有量词的模式。前者就是我们已经熟悉的真值函项模式，后者可以称为实质性的量化模式。上面给出的例子中的前三个是真值函项模式，其他

都是实质性的量化模式。①

　　量化模式除了可以根据其中有无量词而区分为真值函项模式和实质性的量化模式之外，还可以有另外一个角度的区分：闭模式和开模式。闭模式指不含自由变项的模式，而开模式则指含有自由变项的模式。上面所举的 15 个例子中的第 1、4、5、8、9、12、13、15 个都是闭模式，而其他则是开模式。

　　但需要注意的是，尽管开模式的例句都是开语句，但闭模式的例句却不一定就是闭语句。闭模式的例句既可以是开语句也可以是闭语句，这要视替换"p""q""r"等语句字母的具体语句和替换"F""G""H"等谓词字母的具体谓词中是否含有自由变项而定。上面的第 1 个模式"$p \to q$"虽然是个闭模式，但如果替换语句字母"p"和"q"的具体语句中有一个是开语句，或两个都是开语句，所得到的例句就是开语句。第 4 个模式"$\forall xFx$"虽然也是个闭模式，但如果替换谓词字母"F"的是一个含有自由变项的具体谓词，比如"｛z：z 爱 u｝"（…是爱 u 的对象），我们得到的将是"$\forall x$｛z：z 爱 u｝x"。具体化处理后就是"$\forall x$（x 爱 u）"（所有对象都爱 u），这显然是个开语句。关于如何从量化模式中形成例句和子模式，我们在下一章中还要专门讲解。

　　由于我们所说的语句，已经从闭语句扩展到了闭语句和开语句，而且我们现在所讲的量化模式（无论是真值函项模式还是实质性的量化模式）的例句既可以是闭语句，也可以是开语句，为了顺应这一新形势，我们有必要对有效模式的概念作出相应的调整。

　　我们过去的定义是：一个模式是有效的，当且仅当该模式的所有例句都是真的。但考虑到模式的例句并不都是有真假可言的闭语句，因此上述定义可以修正为：一个模式是有效的，当且仅当该模式在任何非空对象域中的任何例句对自由变项的任何取值都是真的。

　　我们举一个简单的例子对此定义加以说明。考虑模式"$Fx \vee -Fx$"，我们用一个具体的谓词，比如说"聪明的"，替换其中的谓词字母"F"，就得到例句"x 是聪明的，或者 x 不是聪明的"，这个例句由于含有自由变项，因此本身并没有真假。但如果我们给其中的变项 x 指定一个值，比如张三，那么这个语句就成了一个闭语句，即"张三是聪明的，或者张三不是聪明的"，而且这个闭语句是真的。如果我们赋予 x 的值不是张三，而是李四，或随便哪个对象，得到的闭语句都一律是真的。因此这个例句对于所有对象都是真的。进一步地，如果我们替换谓词字母"F"的不是"聪明的"，而是"诚实的"，或随便什么谓词，得到的例句也同样对任何对象都是真的。因此，模式"$Fx \vee -Fx$"是一个有效模式。

　　不含量词的量化模式其实就是真值函项模式，不论其中是否含有自由变项，其有效性的检验方法都可以沿用前面所讲的真值分析法或真值表方法，因为其中的原子模式，即"p""q"等语句字母和"Fx""Gxy"等附有变项的谓词字母，在经过模式字母替换和变项赋值后所得到的闭语句，只有真假两种情形；考察了这两种情形，就等于考察了它的每一个例句对每一个对象的真假情况。在做真值分析时，如果附有变项的谓词字母太多而不易辨别，可以将它们用语句字母来代表，比如"p"代表"Fx"，"q"代表"Fy"，"r"代表"Gxy"，"s"代表"Gxz"，等等。

---

　　①　为了保持语法的统一性和简洁性，我们允许任何模式之前都可加上一个不相干的量词前缀，而且规定这样所得的结果与原模式是等价的。这样一来，我们的前三个例子，都可以有与它们对应的、等价的带量词的模式。比如对应于"$p \to Fx$"，就有"$\exists z(p \to Fx)$"和"$\forall z(p \to Fx)$"这样的模式（这里的量词之所以是不相干的，是因为它们所管辖的模式"$p \to Fx$"中根本就不含有与之配套的自由变项"z"），而且这三者之间都是等价的。对我们此处所说的真值函项模式和实质性的量化模式之间的区分，必须从字面上去理解。根据我们的定义，尽管"$p \to Fx$"是真值函项模式，但与之对应的后两者却都是实质性的量化模式。

如果一个量化模式既含有量词,又含有语句字母,我们对它的有效性分析同样可以先从真值分析开始。如果这些语句字母的某个真假组合导致整个复合句为假,我们就知道该模式是无效的。如果在这些语句字母的所有真假组合下,整个复合句都是真的,我们就知道该模式是有效的。还有一种情况是,在这些语句字母的有些真假组合下整个复合句是真的,而在另一些真假组合下则真假未定。在这最后一种情况下,真值分析也仍是有益的,因为经过这样的处理,原模式中的语句字母将被消去,从而得到了简化而便于进一步地分析。

举例说明:现在我们想知道模式"∀x(Fx↔p)·(∃xFx↔q)→(p↔q)"是不是有效的。这个模式中含有两个语句字母,我们可以先通过真值分析法消去它们。

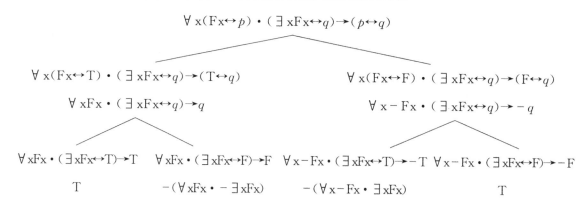

以上分析表明,该模式在"p"和"q"都为真或都为假时为真。而其他两种情况下则可归约为上面的两个模式。因此要表明原模式是有效的,只需表明这两个比较简单的模式都是有效的即可。

回到对有效性定义的讨论中来。上述定义中的"非空域"这个限制是必要的。有些模式虽然在非空域中是有效的,从而根据我们的定义就是有效模式了,但在空域中却是无效的。模式"Fx∨−Fx",无论有无"非空域"的限制,都是有效的。在非空域中,"Fx∨−Fx"的任何例句对包括x在内的任何自由变项的任何取值都是真的,这一点在上面已经讨论过了。说在空域中"Fx∨−Fx"的任何例句对x的任何取值都是真的,这个说法虽然显得奇怪,但却是成立的。考虑例句"x是聪明的,或者x不聪明",说这个例句对x的所有取值都是真的,相当于说"∀x(x是聪明的,或者x不聪明)"是真的。"∀x(x是聪明的,或者x不聪明)"是与"−∃x−(x是聪明的,或者x不聪明)"等价的,后者在空域中是真的:因为我们正在考虑的是佛教所谓的四大皆空的世界,里面什么也没有,所以"∃x−(x是聪明的,或者x不聪明)"是假的,其否定句"−∃x−(x是聪明的,或者x不聪明)"则是真的。

我们再考虑另外一个模式"∃xFx∨∃x−Fx"。我们仍考虑以"聪明的"替换"F"而形成的例句:"∃x(x是聪明的)∨∃x(x不聪明)"。这个例句在非空域中是真的。设张三是非空域中的一个对象,显然他要么是聪明的要么不聪明。如果他是聪明的,那么就存在着聪明的对象,即"∃x(x是聪明的)"是真的,所以,"∃x(x是聪明的)∨∃x(x不聪明)"也是真的。如果他不聪明,那么就存在着不聪明的对象,即"∃x(x不聪明)"是真的,所以,"∃x(x是聪明的)∨∃x(x不聪明)"同样也是真的。我们所选择的谓词"聪明的"和对象张三并不是刻意挑选的,因此,模式"∃xFx∨∃x−Fx"在非空域中的任何例句对任何对象都是真的,即它在非空域是有效的,从而根据我们的定义,它是一个有效模式。但该模式在空域中却是无效的。上面的例句"∃x(x是聪明的)∨∃x(x不聪明)"在空域中是假的,因为在非空域中,既不存在聪明的对象,也不存在不聪明的对象。如果我们的有效性定义中没有"非空域"的限制,这个模式便是一个无效模式。

在有效性定义中,将空域的情形排除在外,不会带来任何实践上或理论上的不便。

第一,在绝大多数实际论证中,我们都会真心认为论域不是空的,或假装认为(我们讨论神话世界时就是如此)论域不是空的。因此,如果一个对非空域有效的模式,到头来对空域无效,这一情况对实际论证并没有影响,我们要的就是它对非空域有效。

第二,如果我们在意一个模式在空域中是否有效,我们也很容易得出结论,只要将构成它的模式中的每一个存在量化模式看作假的而将每一个全称量化模式看作真的,再作真值分析即可。上面的例子,即"∃xFx∨∃x−Fx",就可以归结为"F∨F",真值分析的结果是"F"。而空域中的"∀xFx•∀x−Fx"则可以归结为"TT",真值分析的结果是"T",这是一个在非空域中无效而在空域中有效的模式。

如果我们的论域由 a、b、…、h 等有限个对象所组成,那么全称量化句和存在量化句可以分别扩展为以下的合取式和析取式:

∀xFx:Fa•Fb•…•Fh

(所有对象都是 F:a 是 F,而且 b 是 F,而且…,而且 h 是 F)

∃xFx:Fa∨Fb∨…∨Fh

(有些对象都是 F:a 是 F,或者 b 是 F,或者…,或者 h 是 F)

因此,如果我们都愿意接受一个有限而可数的论域,量词在理论上讲便是多余的设置,它们能做到的事情,真值函项联结词也同样可以做到。但是我们并不愿意这样做,恰恰相反,我们愿意保持自由选择论域的权利。理由是:

第一,究竟存在着哪些对象,这是仁者见仁智者见智的,比如无神论者认为不存在鬼神,而有神论者则认为存在这些对象。

第二,有时为了论证的方便,我们会将论域限制在一定范围内,比如只考虑由动物所构成的论域,由这个房间内的所有人所构成的论域,等等。试举一例。为了说明有效推理"猫是这个屋子里唯一的动物,而且不追杀老鼠的猫是没有的,所以,这个屋子里的所有动物都追杀老鼠",我们就可以把论域限制在动物范围内。经过这样的限制,这个推理的逻辑模式将是:

∀x(Fx→Gx),−∃x(Gx•−Hx),所以,∀x(Fx→Hx)(F:{z:z 是这屋子里的东西},G:{z:z 是猫},H:{z:z 追杀老鼠})。

如果我们采用不加限制的论域,这个推理的逻辑模式将是比较复杂的:

∀x(Fx•Jx→Gx),−∃x(Gx•−Hx),所以,∀x(Fx•Jx→Hx)(F:{z:z 是这屋子里的东西},G:{z:z 是猫},H:{z:z 追杀老鼠},J:{z:z 是动物})。

限制的好处是:我们不用指派一个谓词字母给谓词"动物",因为在限制后的论域内,每一样东西都是动物。同样地,如果我们将论域限制为人,上一章中讲过的那个关于爱的推理的前提和结论可以分别写成"∃x∀y(x 爱 y)"和"∀x∃y(y 爱 x)",显然比原来的分析简单多了。

另外,由于在大多数的逻辑论证中,相关论域中的事物无法像上面那样一一列举出来,比如上面的动物和人这两个论域中的元素就是无法一一列举的,或者在数量上根本就是无穷多的,比如无论是实数域还是自然数域里都有无穷多个数,所以,我们不能指望在每一种情形中都能将量化句还原为合取句或析取句,量化是和合取、析取不同的又一个形成复合句的手段。

尽管如此,在有限而可数的论域内,把量化句改写成合取句和析取句,这一做法对于我们理解量化理论中的一些原理,还是很有帮助的。

现在我们来介绍两个非常有用的有效模式。

(1) $\forall xFx \rightarrow Fy$

(2) $Fy \rightarrow \exists xFx$

这两个模式的有效性是显然的。(1)是说:如果任何事物都是F,那么y是F;(2)是说:如果y是F,那么有些事物是F。这两种说法对于y的任何取值都是真的。如果有读者一时理解不了,下面的说明可能是有帮助的。在上述有限而可数的论域内,说(1)和(2)对于 $y = a$ 是真的,相当于说:

(3) $Fa \cdot Fb \cdot \cdots \cdot Fh \rightarrow Fa$

(4) $Fa \rightarrow (Fa \lor Fb \lor \cdots \lor Fh)$

各自都是真的。同样地,说(1)和(2)对于 $y = b$ 是真的,相当于说:

(5) $Fa \cdot Fb \cdot \cdots \cdot Fh \rightarrow Fb$

(6) $Fb \rightarrow (Fa \lor Fb \lor \cdots \lor Fh)$

各自都是真的。如此等等。因此,说(1)和(2)对于y的任何取值都是真的,相当于说:

(7) $(Fa \cdot Fb \cdot \cdots \cdot Fh \rightarrow Fa)(Fa \cdot Fb \cdot \cdots \cdot Fh \rightarrow Fb) \cdots (Fa \cdot Fb \cdot \cdots \cdot Fh \rightarrow Fh)$

(8) $[Fa \rightarrow (Fa \lor Fb \lor \cdots \lor Fh)][Fb \rightarrow (Fa \lor Fb \lor \cdots \lor Fh)] \cdots [Fh \rightarrow (Fa \lor Fb \lor \cdots \lor Fh)]$

各自都是真的。而它们确实都是真的,因为(7)的每一个合取肢(3)(5)等等都是真的,(8)的每一个合取肢(4)(6)等等也都是真的。

前面说过,蕴涵关系就是条件模式的有效性。因此,说(1)和(2)是有效模式,也就是说"$\forall xFx$"蕴涵"Fy","Fy"蕴涵"$\exists xFx$"。我们将"Fy"(以及"Fz""Fu"等等,甚至也可以是"Fx")称为"$\forall xFx$"和"$\exists xFx$"的例化模式。这样一来,上面所说的就是:全称量词前置模式蕴涵其例化模式,而存在量词前置模式则为其例化模式所蕴涵。

复习思考题十一

1.写出下列语句所从属的量化模式,分别考虑论域不加限制和论域被限制为班上的学生这两种情形。

张三是班上最高的学生。

2. 我们知道"pq"和"qp"这两者是等价的,这就是合取交换律。但有人说合取交换律不是普遍有效的,比如上面两个模式的匹配例句"梁山伯和祝英台结婚并且生了孩子"和"梁山伯和祝英台生了孩子并结了婚"就不是等价的。你认为他的看法正确吗? 你如何分析他给出的这对例句?

3. 用真值分析法检验下面第一个模式的有效性,完成第二个模式有效性分析的前期工作并指出后期工作的内容。

(1) $p \lor [-p \cdot (-Fzs \lor Fst) \cdot (Fts \lor Fsz)] \lor Fzs \lor -(Fts \lor Fsz)$

(提示:这里除了开头的两个外,其他原子模式都是附有变项的谓词字母"F",容易看错。为醒目起见,不妨选用除"p"之外的语句字母取代之。)

(2) $[p \rightarrow q \cdot \forall x(Fx \rightarrow Gx)] \cdot [q \rightarrow \exists x(Fx \cdot (Gx \lor Hx))] \rightarrow [p \rightarrow \exists x(Hx \cdot -Gx)]$

第十二章　量化模式的替换规则

在第三章中，我们曾经谈到过真值函项模式的例句和子模式，其规则是非常简单的：相同字母的每一个位置必须代入相同的语句或相同的模式。这个规则对于已经扩展了的模式，当然是继续适用的。我们现在的模式中多了三个那时还不曾有的东西：谓词字母、变项和量词，这三样东西使替换的环境复杂化了。因此，为了确保形成的例句和子模式保有母模式所刻画的逻辑结构，需要补充制订一些规则。

在量化模式中有两种模式字母：谓词字母和语句字母。我们将分别讨论这两种模式字母的替换问题。先来谈谓词字母。谓词字母在量化模式中从不单独使用，它后面一定跟随着数量不一的变项，它们共同构成原子模式。我们来考虑最简单的一位原子模式"Fx"的例句。如果我们将其中的"F"用谓词"聪明的"来替换，就得到例句"x 是聪明的"；用谓词"人"来替换，就得到例句"x 是人"；用谓词"爱自己"来替换，就得到例句"x 爱自己"，如此等等。

这样看来，要形成原子模式"Fx"的例句，真是太简单了，无非就是将其中的"F"换成一个具体的谓词。确实如此，"Fx"的例句就是把"F"换成一个具体的谓词而形成的。上面的操作也确实是简单的，但那是因为替换"F"的这三个谓词中既没有变项，也没有量词，因而本身就很简单之故。

但我们知道，并非所有谓词都是这样简单的。有时为了精确表达一个谓词，我们需要诉诸谓词提取这种表达方式。在第九章中，我们曾构造了这样的一个谓词：{x：我从某个发现 x 的人那里买下了 x}。现在我们用这个谓词来替换"Fx"中的"F"，就得到：{x：我从某个发现 x 的人那里买下了 x}x，也就是：x 是如此这般的 x 以致我从某个发现 x 的人那里买下了 x。这根本就读不通。

但我们只需将上面的谓词提取换一种表达：{y：我从某个发现 y 的人那里买下了 y}（这和"{x：我从某个发现 x 的人那里买下了 x}"是同一个谓词），这样我们就可以顺利地写出"Fx"的例句了。这包含两个步骤：

第一步，用"{y：我从某个发现 y 的人那里买下了 y}"替换"Fx"中的"F"，得到：{y：我从某个发现 y 的人那里买下了 y}x。

第二步，对第一步所得到的结果进行具体化处理，得到：我从某个发现 x 的人那里买下了 x。

我们还说过，任何谓词，不论简单与复杂，都可以写成谓词提取的形式。因此，更上面的那些一目了然的例子，也可以纳入上一段中所说的两个步骤。以"聪明的"为例，我们先把它改写为"{y：y 是聪明的}"（注意，不可以改写为"{x：x 是聪明的}"），然后用它替换"Fx"中的"F"，得到：{y：y 是聪明的}x，再具体化：x 是聪明的。

由此，我们得到关于替换的第一个限制：替换谓词字母的谓词提取不得以谓词字母后缀变项为约束变项。谓词提取"{x：我从某个发现 x 的人那里买下了 x}"和"{x：x 是聪明的}"之所以不能替换"Fx"中的"F"，就是因为"x"在这两个谓词提取中是约束变项。

再举一个例子。这一次要考虑的具体谓词是"{y：∃x(x 是 y 的朋友)}"（"如此这般的 y 以致有些东西是如此这般的 x 以致 x 是 y 的朋友",即"…有朋友")。这个谓词的前缀不是"x:",而是"y:",因而是没有问题的。但尽管如此,这个谓词里仍有 x,而且是受到约束的变项,所以同样不能用来替换"Fx"中的"F"。如果强行操作,第一步将得到:{y:∃x(x 是 y 的朋友)}x,再经过第二步的具体化处理,得到的将是:∃x(x 是 x 的朋友)。这个结果一看就知道是错的,因为它是一个闭语句,意思是说某些人是自己的朋友,但"Fx"的合格例句应该是一个谈到 x 的开语句。

解决方法和前面是一样的,即将谓词提取中的约束变项"x"换成其他字母,比如换成"z":{y:∃z(z 是 y 的朋友)}。经过这样的处理后,操作就可以顺利进行了,最后得到的结果是合格的:∃z(z 是 x 的朋友),它的意思是说 x 是有朋友的。

如果要求写出其例句的母模式只是"Fx",上面这个限制规则就足够了。但更常见的情况是,"Fx"只是母模式的一个组成成分。在这种情况下,我们的考虑就需要更加周全。

比如,我们要写出"∀xFx→Fy"的例句。如果我们用"聪明的"替换其中的"F",将得到:如果所有东西都是聪明的,那么 y 也是聪明的。显然这个例句对于所有东西都是成立的。同样,该模式的别的例句对所有东西也是成立的。因此这是一个有效模式。

根据我们前面讲的那条规则,替换"F"的谓词提取不得以"x:"为前缀,也不得以"y:"为前缀,也不得在别处以 x 和 y 为约束变项。这些限制都很好,但并不足够。考虑下面这个谓词:{w:∃z(z 是 w 的朋友)·w 爱 x}(…有朋友而且爱 x)。它没有触犯上面开列的那些限制,但我们看看用它替换"F"后,"∀xFx→Fy"会变成什么:

∀x{w:∃z(z 是 w 的朋友)·w 爱 x}x→{w:∃z(z 是 w 的朋友)·w 爱 x}y

∀x(∃z(z 是 x 的朋友)·x 爱 x)→∃z(z 是 y 的朋友)·y 爱 x

最后一行的意思是:如果所有人都有朋友而且自爱,那么 y 有朋友而且爱 x。这显然并不是真的,而有效模式的所有例句都应该是真的或对每一个对象都是真的,因此它并不是一个合格的例句。合格的例句应该是这样:如果所有人都有朋友而且爱 x,那么 y 有朋友而且爱 x。

问题出在这里:谓词提取"{w:∃z(z 是 w 的朋友)·w 爱 x}"中的原本自由的变项 x,当进入模式"∀xFx→Fy"后,就被其中的量词"∀x"约束了,成了约束变项。因此,我们得到替换的第二个限制:谓词提取中的自由变项在替换操作结束后应仍是自由的。

在第一个限制被违背的时候,我们所做的是改写谓词提取,将其中的约束变项更换字母,使之不再是即将被替换的谓词字母的后缀中的字母。在第二个限制被违背的时候,我们所做的仍是更换约束变项的字母,但不是更换谓词提取中的约束变项字母,而是更换谓词提取即将进入其中的母模式中的有关约束变项的字母,使之不再是谓词提取中的自由变项字母。在上例中,我们只需将模式"∀xFx→Fy"重新表达为"∀uFu→Fy",替换操作便可顺利进行:

∀u{w:∃z(z 是 w 的朋友)·w 爱 x}u→{w:∃z(z 是 w 的朋友)·w 爱 x}y

∀u(∃z(z 是 u 的朋友)·u 爱 x)→∃z(z 是 y 的朋友)·y 爱 x

最后一行正是我们前面所说的合格例句:如果所有人都有朋友而且爱 x,那么 y 有朋友而且爱 x。

以上所说的是谓词字母被替换时的两个限制[①]。如果被替换的是语句字母,情况要简单一些。由于语句字母并不带后缀变项,因此上面第一条限制是用不上的。但第二条限制同样需要遵守:替换语句字母的语句或模式中的自由变项,在操作结束后,仍应保持自由状态。根据这条

---

① 其实还可以加上下面这个不言自明的限制,那就是,谓词提取的位数与它要替换的谓词字母的位数应该是相同的。一位谓词字母只能被一位谓词提取所替换,二位谓词字母只能被二位谓词提取所替换,如此等等。

52

规则,用"Gx"替换"∀x(Fx·p)"中的"p"就是不合法的,所得结果"∀x(Fx·Gx)"所说的是:所有对象都既是 F 又是 G,其中已经根本没有自由变项 x 了。补救办法是先将"∀x(Fx·p)"改写成"∀y(Fy·p)"后再做替换。这样得到的结果"∀y(Fy·Gx)"才是合格的。

下面来看几个替换的例子。

(1)用"{x:x 是聪明的}"替换"Fx"中的"F"。

由于"Fx"中含有后缀 x,所以替换"F"的谓词提取中不能以它为约束变项。可将谓词提取"{x:x 是聪明的}"重新表达为"{y:y 是聪明的}",再进行替换:

{y:y 是聪明的}x

x 是聪明的。

(2)用"{x:x 是聪明的}"替换"∀xFx"中的"F"。

由于"Fx"中含有后缀 x,所以替换"F"的谓词提取中不能以它为约束变项。可将谓词提取"{x:x 是聪明的}"重新表达为"{y:y 是聪明的}",再进行替换:

∀x{y:y 是聪明的}x

∀x(x 是聪明的)

也可以考虑将"∀xFx"改写为"∀yFy"。这样一改,谓词提取"{x:x 是聪明的}"中的约束变项 x 就不再与谓词字母"F"的后缀 y 相冲突了,替换因而同样可以顺利进行:

∀y{x:x 是聪明的}y

∀y(y 是聪明的)

(3)用"Gx"替换"∃xFx→p"中的"p"。

在以下这两个例子中,替换的最终的结果不是例句,而是子模式,但形成例句和形成子模式的原理是完全一样的。在本例中,虽然要替换上来的语句模式"Gx"中含有自由变项 x,而母模式"∃xFx→p"中则含有约束变项 x,但由于替换结束后"Gx"中的 x 不会受到量词"∃x"或"∀x"(这里是"∃x")的约束,因此可以放心地直接替换:

∃xFx→Gx

(4)用"Gx"替换"∃x(Fx→p)"中的"p"。

不能直接替换,否则经替换得到的模式"∃x(Fx→Gx)","Gx"中原本自由的变项 x 已不再自由。我们应该先将"∃xFx→p"改写为"∃y(Fy→p)",再做替换:

∃y(Fy→Gx)

(5)用"{xy:∃z(x 比 y 更爱 z)}"替换"(∃xFxz∨∃xFzx)→Fxy"中的"F"。

"{xy:∃z(x 比 y 更爱 z)}"是一个二位谓词,其适用对象是这样的有序对:前者比后者更爱某个东西。如果张三比李四更爱某本书,那么<张三,李四>便是该谓词的适用对象。如果李四比张三更爱另一本书,或更爱某条狗,那么<李四,张三>也是该谓词的适用对象。对这个谓词的解释就说这么多,现在回到替换上来。这个谓词以现在的提取形式,是不能直接进入母模式进行替换的,其中的三个约束变项 x、y 和 z 都不合乎要求。x 和 y 不合乎要求,因为它们是母模式中"F"的后缀;z 也不合乎要求,因为与之配套的量词"∃z"将俘获母模式中的自由变项 z。因此,

现代逻辑基本概念和技术

谓词提取中的三个约束变项字母全都要改写。为了防止出错,我们分三次改写谓词提取,一次改写一个字母:

{uy:∃z(u 比 y 更爱 z)}

{uv:∃z(u 比 v 更爱 z)}

{uv:∃w(u 比 v 更爱 w)}

准备工作做好了,我们现在来做替换:

(∃x{uv:∃w(u 比 v 更爱 w)}xz∨∃x{uv:∃w(u 比 v 更爱 w)}zx)→{uv:∃w(u 比 v 更爱 w)}xy

[(∃x∃w(x 比 z 更爱 w)∨∃x∃w(z 比 x 更爱 w)]→∃w(x 比 y 更爱 w)

上一章中我们曾谈到过量词前置模式的例化模式。如果量词前置模式是简单的"∀xFx"和"∃xFx",我们是不易搞错它们的例化模式的。但当量词前置模式比较复杂时,我们如果不够细心,就有可能出错。例如,粗心的读者可能认为"∀xFxx"的例化模式可以是"Fxy"。但其实这是错误的。如果"Fxy"是"∀xFxx"的例化模式,那么"∀xFxx"应该蕴涵"Fxy"才是。但实际上它们之间并不存在蕴涵关系。让我们将其中的"F"解释为"等于"。显然,"每个东西都等于自身"并不蕴涵"x 等于 y";前者就是同一律,因此是真的,但后者并不是对于 x 和 y 的任何取值都是真的。

从替换的角度看,如果"Fxy"是"∀xFxx"的例化模式,那么它们应该可以被看成是"Fy"和"∀xFx"的一对匹配子模式。诚然,"∀xFxx"是"∀xFx"中的"F"被"{z:Fzz}"替换而形成的,但同样的替换并不会使"Fy"成为"Fxy",而是成为"Fyy"。反过来,诚然,"Fxy"是"Fy"中的"F"被"{z:Fxz}"替换形成,但同样的替换施行于"∀xFx"而得到"∀xFxx"的操作却是不被允许的,因为"{z:Fxz}"在进入"∀xFx"后,前者中的自由变项 x 将被后者中的量词所捕获而失去自由。总结:虽然"∀xFxx"和"Fxy"确实分别是"∀xFx"和"Fy"的子模式,但却不可能是它们的匹配子模式。

替换规则可以使我们看清不合格的例化模式之所以不合格的原因。但在操作层面,如果我们要写出一个量词前置模式的例化模式,则不必求助于替换规则,不必求助于谓词提取,而只需记住下面的操作方法就行了:

第一步,将量词前置模式中的前置量词去掉,这样形成的模式可以称为原模式的基体模式。

第二步,将基体模式中与原模式中的前置量词相匹配的变项字母换成别的字母(也可以不换)。

以"∀xFxx"为例:

第一步,我们去掉其中的前置量词"∀x",得到基体模式"Fxx"。

第二步,将"Fxx"中的"x"换成别的字母(也可以不换),得到"Fxx""Fyy""Fzz"等等,这些都是"∀xFxx"的例化模式。

而"∃xFxu"的例化模式可以是"Fxu""Fyu""Fzu""Fuu""Fwu"等等。但要当心,替换"x"的字母不能到头来受到基体模式中的量词的约束。例如,"∀x∀yFxy"的例化模式可以是"∀yFzy"和"∀yFuy",以上二例是分别用"z"和"u"替换基体模式"∀yFxy"中的"x"的结果。但不可以是用"y"替换"∀yFxy"中的"x"的结果"∀yFyy",因为"∀yFxy"中的 x 是自由变项,而一旦被换成 y 将受到量词"∀y"的约束。

复习思考题十二

1. 写出模式"∀x(Fx→p)"经过下列替换后所形成的例句或模式。其中哪些结果是合格的？哪些是不合格的？对那些不合格的替换,如何通过改变约束变项字母使之合格？

(1)用"{z：梁山伯爱 z}"替换"F",用"梁山伯爱 y"替换"p"。

(2)用"{zw：w 爱 z}"替换"F",用"梁山伯爱 y"替换"p"。

(3)用"{z：x 爱 z}"替换"F",用"梁山伯爱 y"替换"p"。

(4)用"{z：∀x(x 爱 z)}"替换"F",用"梁山伯爱 x"替换"p"。

(5)用"{z：Gxz∨Gzx }"替换"F",用"∃x(Fx→p)"替换"p"。

2. 下面几对模式中,哪些对中的前一个是后一个的例化模式？哪些不是？

(1)Fz，∃xFx

(2)Fzy，∀xFxy

(3)Fyz，∀xFxy

(4)∀xFxx，∃y∀xFxy

(5)∀xFxz，∃y∀xFxy

第十三章　移置规则和量化模式的前置化处理

我们很快就要介绍量化推理的技术了。但在运用这项技术前,我们需要做两点准备工作:

第一,我们要会形成量词前置式的例化模式。这一点,我们在上一章中已经讲过了。

第二,我们要会把一个量化模式转换为量词前置式,甚至是标准前置式(即所有量词都前置的模式)。

为了做到这一点,我们需要下列四组移置规则:

第一组是关于"并非"的移置规则:

(1)"$-\forall xFx$"等价于"$\exists x-Fx$"。

(2)"$-\exists xFx$"等价于"$\forall x-Fx$"。

以上等价性应该是显然的。

(1)说的是:"并非所有东西都是F"和"有些东西并不是F",这两种说法的意思是一样的。

(2)说的是:"并非有些东西是F"和"所有东西都不是F",这两种说法的意思是一样的。

如果有读者一时理解不了,可以诉诸第十一章中提到的那个由 a、b、…、h 所组成的有限而可数的论域。在那个论域中,(1)说的是:"$-(Fa \cdot Fb \cdot \cdots \cdot Fh)$"等价于"$-Fa \vee -Fb \vee \cdots \vee -Fh$"。(2)说的是:"$-(Fa \vee Fb \vee \cdots \vee Fh)$"等价于"$-Fa \cdot -Fb \cdot \cdots \cdot -Fh$"。这些一点也不新鲜,就是德摩根定律而已。

根据(1)和(2),我们可以将不受量词管辖的"并非"移置于量词的管辖之下,但这样操作的同时需要将全称量词改为存在量词,将存在量词改为全称量词。

第二组是关于"而且"的移置规则:

(3)"$p \cdot \forall xFx$"等价于"$\forall x(p \cdot Fx)$"。

(4)"$p \cdot \exists xFx$"等价于"$\exists x(p \cdot Fx)$"。

这一组规则同样也是显然的。在(3)中,"$\forall x(p \cdot Fx)$"所说的是,"$p \cdot Fx$"对 x 的所有取值都是真的。说"$p \cdot Fx$"对 x 的所有取值都是真的,等于说"p"是真的而且"Fx"对 x 的所有取值都是真的,而后者正是"$p \cdot \forall xFx$"所说的。因此,"$p \cdot \forall xFx$"和"$\forall x(p \cdot Fx)$"是等价的。如果有读者理解不了,真值分析法一定可以让他看清这一点。说"$p \cdot \forall xFx$"等价于"$\forall x(p \cdot Fx)$",等于说以两个模式为成分的双条件式"$p \cdot \forall xFx \leftrightarrow \forall x(p \cdot Fx)$"是等价的。

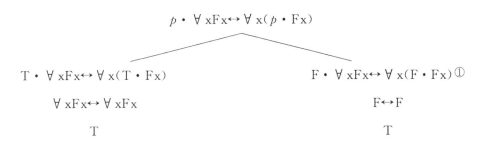

$$p \cdot \forall xFx \leftrightarrow \forall x(p \cdot Fx)$$

$$T \cdot \forall xFx \leftrightarrow \forall x(T \cdot Fx) \qquad\qquad F \cdot \forall xFx \leftrightarrow \forall x(F \cdot Fx)①$$

$$\forall xFx \leftrightarrow \forall xFx \qquad\qquad\qquad\qquad F \leftrightarrow F$$

$$T \qquad\qquad\qquad\qquad\qquad\qquad T$$

对(4)也可以做平行的说明。(3)和(4)可用来将不受量词管辖的"而且"置于量词的管辖之下。

第三组是关于"或者"的移置规则：

(5)"$p \vee \forall xFx$"等价于"$\forall x(p \vee Fx)$"。

(6)"$p \vee \exists xFx$"等价于"$\exists x(p \vee Fx)$"。

这组规则可用来将不受量词管辖的"或者"移置于其管辖之下。对这组规则可以作出和第二组规则平行的说明。我们也可以根据以上关于"并非"和"而且"的两组规则，直接将它推导出来。以(5)为例。

$p \vee \forall xFx$

$-(-p \cdot -\forall xFx)$

$-(-p \cdot \exists x-Fx)$……关于"并非"的移置规则

$-\exists x(-p \cdot -Fx)$……关于"而且"的移置规则

$\forall x-(-p \cdot -Fx)$……关于"并非"的移置规则

$\forall x(p \vee Fx)$

以上推导过程的每一步都是可逆的，因此，"$p \vee \forall xFx$"和"$\forall x(p \vee Fx)$"是等价的。

第四组是关于"如果"的移置规则。量词有全称量词和存在量词之分，条件模式中的"p"又有前后件之分，因此这组移置规则有四条：

(7)"$p \to \forall xFx$"等价于"$\forall x(p \to Fx)$"。

(8)"$p \to \exists xFx$"等价于"$\exists x(p \to Fx)$"。

(9)"$\forall xFx \to p$"等价于"$\exists x(Fx \to p)$"。

(10)"$\exists xFx \to p$"等价于"$\forall x(Fx \to p)$"。

这组规则可用于将不受量词管辖的"如果"置于它的管辖之下。这组规则的有效性同样不难证明。我们既可以用真值分析法来表明其有效性，也可以从上面的几组规则中将它们一一推导出来。我们这里只示范一下对(10)的真值分析。

---

① 我们可以在真值分析法操作规则中补充以下规则：将"$\forall T$"和"$\exists T$"简化为"T"，将"$\forall F$"和"$\exists F$"简化为"F"。这些补充规则是不难理解的。我们前面说过，我们允许任何模式之前都加上一个不相干的量词前缀，而且规定这样所得的结果与原模式是等价的，即"$\forall x(p)$"和"$\exists x(p)$"都等价于"p"。

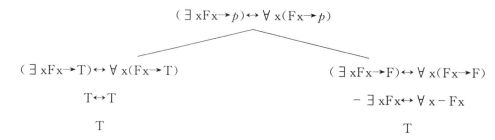

$$(\exists xFx \rightarrow p) \leftrightarrow \forall x(Fx \rightarrow p)$$

$$(\exists xFx \rightarrow T) \leftrightarrow \forall x(Fx \rightarrow T) \qquad (\exists xFx \rightarrow F) \leftrightarrow \forall x(Fx \rightarrow F)$$

$$T \leftrightarrow T \qquad\qquad -\exists xFx \leftrightarrow \forall x - Fx$$

$$T \qquad\qquad\qquad\qquad T$$

虽然我们可以证明以上规则,但可能还是会觉得其中关于"并非"的两条规则、关于"如果"的后两条规则有点怪怪的,因为它们涉及量词类型的更换。为帮助读者熟悉它们,我们再作一些说明。

即使在不含量词的真值函项模式中,模式的含义也可能随着联结词的管辖范围的变化而发生变化。比如"$pq \lor r$"和"$p(q \lor r)$"的不同,就是由于这两个模式中的"而且"和"或者"的管辖范围的不同而引起的。同样地,量词管辖范围的不同也可能引起含义的变化。符号语言中关于管辖范围的设施是约定和括号。日常语言中关于管辖范围的设施虽然不够完备,但确实也有一些。两者之间的对比可以让我们对两者都会有更好的理解。

根据以上的移置规则,"$-\forall x$(张三爱 x)"和"$\forall x-$(张三爱 x)",这两者的含义是不一样的。这两种说法在日常语言中有我们更熟悉的表达,那就是"张三不爱所有人"和"张三不爱任何人"。日常语言中未曾明言的设置是:虽然"所有"(或"每一个")和"任何"的含义是一样的,但它们和否定词"不"一起使用时,"任何"能够管辖到"不",而"所有"则不能。如果我们把量词也看成是联结词,不妨说,"张三不爱所有人"的主联结词是"不",这是一个量化句的否定句;而"张三不爱任何人"的主联结词则是"任何",这是一个否定句的量化句。

当"所有"和"任何"与"如果"一起使用时,也会有类似的效果。在日常语言中,"如果所有人乐于助人,那么我会感到惊讶"和"如果任何人乐于助人,那么我会感到惊讶",这两种说法的含义显然是不一样的。如果我断言前者,那么我只是表达了大多数人的反应:社会风气怎么变得这样好,以至于人人都乐于助人了?如果我断言后者,大家一定会觉得我一见到有人乐于助人就感到惊讶,心理上也太阴暗了吧!这两种说法的含义之所以有区别,就是因为前者的主联结词是"如果",这是一个以量化句为前件的条件句;而后者的主联结词是"任何",这是一个条件句的量化句。用符号语言来表达,这两种说法分别对应的是"$\forall x$(x 乐于助人)→我感到惊讶"和"$\forall x$(x 乐于助人→我感到惊讶)"。后者用移置规则加以改写,就成了"$\exists x$(x 乐于助人)→我感到惊讶",翻译成自然语言就是"如果有人乐于助人,我将感到惊讶"。①

但日常语言的相关设施并不完备。对于"$-\forall x$(张三爱 x)"和"$\forall x-$(张三爱 x)",日常语言中有相应的地道的表达"张三不爱所有人"和"张三不爱任何人"。但对于"$-\exists x$(张三爱 x)"和"$\exists x-$(张三爱 x)",相应的自然语言的表达都是"张三不爱某人";换言之,"张三不爱某人"是有歧义的,它表达的究竟是"$-\exists x$(张三爱 x)"还是"$\exists x-$(张三爱 x)",需要具体语境具体分析。同样地,严格说来,"如果有人乐于助人,我将感到惊讶"也有类似的歧义性。在日常语言中,虽然全称量词有两个变体"所有"和"任何",管辖范围一小一大,但存在量词则没有这样的管辖范围一小一大的两个变体。

读者可能会期待我们来讲讲关于"当且仅当"的移置规则。但我们并没有这样的规则。

---

① 在以上两段的讨论中,为了叙述的自然,我们对论域作了限制,即限制为人。

"∀x(Fx↔p)"既不与"∀xFx↔p",也不与"∃xFx↔p"相等价。两次真值分析就足以表明这一点。

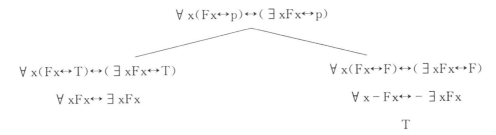

$$∀x(Fx↔p)↔(∀xFx↔p)$$

$$∀x(Fx↔T)↔(∀xFx↔T) \qquad ∀x(Fx↔F)↔(∀xFx↔F)$$

$$∀xFx↔∀xFx \qquad\qquad ∀x-Fx↔-∀xFx$$

$$T$$

以上分析表明,"∀x(Fx↔p)"与"∀xFx↔p"之间并不等价,因为"∀x-Fx↔-∀xFx"并不是有效模式。

$$∀x(Fx↔p)↔(∃xFx↔p)$$

$$∀x(Fx↔T)↔(∃xFx↔T) \qquad ∀x(Fx↔F)↔(∃xFx↔F)$$

$$∀xFx↔∃xFx \qquad\qquad ∀x-Fx↔-∃xFx$$

$$T$$

以上分析表明,"∀x(Fx↔p)"与"∃xFx↔p"之间也并不等价,因为"∀xFx↔∃xFx"并不是有效模式。

同样可以证明,"∃x(Fx↔p)"既不与"∀xFx↔p",也不与"∃xFx↔p"相等价。

没有现成的移置规则,并不意味着"∀xFx↔p"和"∃xFx↔p"不能被转换为前置模式。我们可以做其中的第一个。

i.　∀xFx↔p

ii.　p·∀xFx∨-p·-∀xFx

iii.　p·∀xFx∨-p·∃x-Fx…关于"并非"的移置规则

iv.　∀x(p·Fx)∨∃x(-p·-Fx)…关于"而且"的移置规则

v.　∀x[p·Fx∨∃x(-p·-Fx)]…关于"或者"的移置规则

vi.　∀x[(p·Fx)∨∃y(-p·-Fy)]…更改约束变项字母

vii.　∀x∃y(p·Fx∨-p·-Fy)…关于"或者"的移置规则

其中第 vi 步的换字母是必需的,背后的原理是上一章中的替换规则。以上第 v 步得到的已经是前置式:量词"∀x"已经前置且管辖所有的后面部分,只是前置化还不完全。此时要做的是对"∀x"所管辖的部分"p·Fx∨∃x(-p·-Fx)"做前置化处理。这个模式是"p∨∃xFx"中的"p"被"p·Fx"、"F"被"{z:-p·-Fz}"替换而形成的子模式。我们只需要对与"p∨∃xFx"等价的模式"∃x(p∨Fx)"进行同样的替换,就可以得到"p·Fx∨∃x(-p·-Fx)"的前置式。但直接替换却是不行的,因为"p·Fx"进入"∃x(p∨Fx)"后,"p·Fx"中原本的自由变项 x 将被存在量词"∃x"所俘获而不再自由。一般地,我们在应用前面的移置规则时,替换其中的"p"的模式都不应含有自由变项字母"x"。

换字母是为了后继操作的顺利,但换字母本身也可能出错,要注意不能让更改字母后的量词约束到原来的自由变项。例如,"∃x(Fx·Gy)"中的约束变项字母"x"就不能被换成"y",因为这样更换以后形成的模式"∃y(Fy·Gy)"与原来的模式"∃x(Fx·Gy)"并不等价。这一点只需将"F"和"G"分别解释为"方"和"圆"就可以看出。在这一解释下,"∃y(Fy·Gy)"说有些东西既方又圆,这显然是假的;而"∃x(Fx·Gy)"说有些东西是方的而且 y 是圆的,这一说法对于任何一个圆形物体而言,却是真的。造成这一情况的背后的原因仍然是不合格的替换。"∃x(Fx·Gy)"是"∃xFx"中的"F"被"{u:Fu·Gy}"替换而形成的。由于"∃xFx"和"∃yFy"是等价的,因此对"∃yFy"作同样的替换,就可以得到与"∃x(Fx·Gy)"等价的模式。但直接替换却是不行的,因为"{u:Fu·Gy}"进入"∃yFy"后,原本自由的 y 将失去自由。解决办法是不用"{u:Fu·Gy}"来替换"∃yFy"中的"F",而用它来替换"∃zFz"中的"F",这样的替换将是合格的。和"∃yFy"一样,"∃zFz"与"∃xFx"也是等价的,所以"∃zFz"与"∃xFx"的匹配子模式"∃z(Fz·Gy)"和"∃x(Fx·Gy)"也是等价的。

下面再介绍一组移置规则:全称量词对合取的分配律和存在量词对析取的分配律。它们有时会提高量词前置化操作的效率,也会使得到的结果更加简单。

(11)"∀xFx·∀xGx"等价于"∀x(Fx·Gx)"。

(12)"∃xFx∨∃xGx"等价于"∃x(Fx∨Gx)"。

为了形象说明起见,我们不妨将论域限定为人,将"F"和"G"分别解释为"有死的"和"有缺点的"。(11)中的"∀xFx·∀xGx"在这种解释下说的是:所有人都有死而且所有人都有缺点,"∀x(Fx·Gx)"说的是:所有人都有死而且都有缺点。这两种说法显然是一回事。再将"F"和"G"分别解释为"聪明的"和"勤劳的"。(12)中的"∃xFx∨∃xGx"在这种解释下说的是:或者有些人是聪明的或者有些人是勤劳的,"∃x(Fx∨Gx)"说的是:有些人或者是聪明的或者是勤劳的。这两种说法显然也是一回事。

这组规则并不是前置化操作中必不可少的。有了它们,当然可以使"∀xFx·∀xGx"和"∃xFx∨∃xGx"的前置化一步到位。但即使没有它们,我们用前面所讲的规则,也可以实现这两个模式的前置化。以"∀xFx·∀xGx"为例:

∀xFx·∀xGx

∀x(Fx·∀xGx)

∀x(Fx·∀yGy)

∀x∀y(Fx·Gy)

这里第三行中的换字母同样是必须的。

总结一下前置化操作的一般方法:先检查一下有待前置化的模式中是否含有双条件模式。如果有的话,再看这些双条件模式的一个或两个成分中是否含有量词。如果某个双条件模式中含有量词,那么将这个双条件模式改写成不含"当且仅当"的模式。下面,就是不断运用移置规则,直至模式中的所有量词都得到前置化为止。在对某一模式运用移置规则时,必要时需要更换其中的约束变项的字母。

复习思考题十三

将下面的模式转化为量词前置式:

∀x(Fx→Gx)→∀x[∃y(Fy·Hxy)→∃y(Gy·Hxy)]

第十四章　量化模式有效性的检验方法:纯存在式方法

这一章我们来介绍一种检验量化模式是否有效的方法:纯存在式方法。

我们从三段论推理说起。所谓三段论,是指一种由两个前提推导出一个结论的推理,其中前提和结论总共涉及三个一位谓词,每一个前提和结论都是全称量化句或存在量化句,并涉及三个一位谓词中的两个。我们来看一个例子:

前提一:所有大象都有大耳朵。

前提二:有些动物是大象。

结论:有些动物有大耳朵。

这明显是一个有效推理。(根据三段论的分类法,它属于 AII 式的第 1 格,AII－1[①]。)现在我们就来说明其有效性。首先,让我们分析每个前提和结论的量化结构:

前提一:$\forall x(x$ 是大象 $\rightarrow x$ 有大耳朵$)$

前提二:$\exists x(x$ 是动物 $\cdot x$ 是大象$)$

结论:$\exists x(x$ 是动物 $\cdot x$ 有大耳朵$)$

令:Fx：x 是大象,Gx：x 有大耳朵,Hx：x 是动物,以上前提和结论显然是下面这组模式的匹配例句:

前提一:$\forall x(Fx \rightarrow Gx)$

前提二:$\exists x(Hx \cdot Fx)$

结论:$\exists x(Hx \cdot Gx)$

因此,我们如果能表明"$\forall x(Fx \rightarrow Gx)$"和"$\exists x(Hx \cdot Fx)$"联合蕴涵"$\exists x(Hx \cdot Gx)$",也即"$\forall x(Fx \rightarrow Gx) \cdot \exists x(Hx \cdot Fx)$"蕴涵"$\exists x(Hx \cdot Gx)$",也就同时说明了上述推理的有效性。而要表明"$\forall x(Fx \rightarrow Gx) \cdot \exists x(Hx \cdot Fx)$"蕴涵"$\exists x(Hx \cdot Gx)$",只需表明

(1) $\forall x(Fx \rightarrow Gx) \cdot \exists x(Hx \cdot Fx) \rightarrow \exists x(Hx \cdot Gx)$

---

① 这个三段论在三段论分类标准中被归类为 AII－1,其中 AII 是它的式,1 是它的格。这个三段论之所以被归类为 AII,是因为它的大小前提和结论分别是全称肯定句(A)、特称肯定句(I)和特称肯定句(I)。要说清楚这个三段论为什么被归类为第 1 格,要稍微啰嗦一些。三段论中的每个前提和结论中的两个谓词都被区分为主项和谓项,先出现的那个叫做主项,后出现的那个叫做谓项。两个前提中都出现的谓词叫做中项。结论中的谓项叫做大项,主项叫做小项。出现大项的前提叫做大前提,出现小项的前提叫做小前提。如果大项和小项分别是大小前提中的谓项和主项,这样的三段论被称为第 1 格。如果分别是大小前提中的主项和谓项,则为第 4 格。如果分别是大小前提中的谓项,则为第 3 格。如果分别是大小前提中的主项,则为第 2 格。上面的三段论,大项"大耳朵"是大前提的谓项,小项"动物"是小前提的主项,因此是第 1 格。

是有效的。为此,我们先对它做前置化处理,将它处理成全称量词在前、存在量词在后的前置模式。

这个模式是"$p \to \exists xFx$"的子模式,但如果就这样应用移置规则的话,得到的将是一个全称量化模式,而这并不合我们的心愿。我们先来处理一下这个条件模式的前件"$\forall x(Fx \to Gx) \cdot \exists x(Hx \cdot Fx)$"。它可以处理成一个全称量化模式,也可以处理成一个存在量化模式。我们采取后一种处理,并将处理结果"$\exists x[\forall x(Fx \to Gx) \cdot Hx \cdot Fx]$"代入整个模式,得到:

$\exists x[\forall x(Fx \to Gx) \cdot Hx \cdot Fx] \to \exists x(Hx \cdot Gx)$

这个模式可以看成"$\exists xFx \to p$"的子模式,运用移置规则可使之成为一个全称量化模式:

$\forall x\{[\forall x(Fx \to Gx) \cdot Hx \cdot Fx] \to \exists x(Hx \cdot Gx)\}$

以下我们直接写出接下来的变换过程:

$\forall x\{[\forall y(Fy \to Gy) \cdot Hx \cdot Fx] \to \exists x(Hx \cdot Gx)\}$……换字母

$\forall x\{[\forall y((Fy \to Gy) \cdot Hx \cdot Fx)] \to \exists x(Hx \cdot Gx)\}$

$\forall x \exists y[(Fy \to Gy) \cdot Hx \cdot Fx \to \exists x(Hx \cdot Gx)]$

$\forall x \exists y[(Fy \to Gy) \cdot Hx \cdot Fx \to \exists z(Hz \cdot Gz)]$……换字母

(2) $\forall x \exists y \exists z[(Fy \to Gy) \cdot Hx \cdot Fx \to Hz \cdot Gz]$

(2)是符合我们心愿的模式:前置、全称量词在前、存在量词在后。现在我们来表明这个模式是有效的。

说(2)是有效的,就是说(2)的所有例句对所有自由变项的所有取值都是真的;而说(2)的所有例句对所有自由变项的所有取值都是真的,就是说其基体模式"$\exists y \exists z[(Fy \to Gy) \cdot Hx \cdot Fx \to Hz \cdot Gz]$"的所有例句对于所有自由变项的所有取值都是真的;而这正是说"$\exists y \exists z[(Fy \to Gy) \cdot Hx \cdot Fx \to Hz \cdot Gz]$"是有效的。一句话,全称量化模式的有效性与它的基体模式的有效性是一回事。因此,我们可以将(1)中的全称量词去掉,得到:

(3) $\exists y \exists z[(Fy \to Gy) \cdot Hx \cdot Fx \to Hz \cdot Gz]$

这是一个只有存在量词的前置模式,这样的前置模式被称为纯存在式。我们写出它的例化模式,以其中的自由变项 x 为例化变项:

(4) $\exists z[(Fx \to Gx) \cdot Hx \cdot Fx \to Hz \cdot Gz]$

这仍是一个存在量化模式。我们也写出它的例化模式,以(4)中的自由变项 x 为例化变项:

(5) $(Fx \to Gx) \cdot Hx \cdot Fx \to Hx \cdot Gx$

这个模式中不含有量词,是一个真值函项模式。我们在第十一章中讲过,存在量化模式为它的例化模式所蕴涵。因此(5)蕴涵(4),(4)蕴涵(3)。根据蕴涵关系的传递性,(5)蕴涵(3)。因此,如果(5)是有效的,那么(3)也是有效的,因为有效模式所蕴涵的只能是有效模式。事实上,我们我们可以略过(4),一步到位地写出(5)。

现在我们就来用真值分析法检验(5)到底是不是有效的。

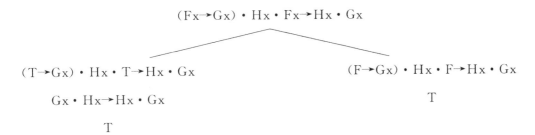

以上分析表明,(5)确实是有一个有效模式,所以(3)和(2)都是有效的。与(2)等价的(1)也是有效的,从而与之对应的三段论推理是有效的。

以上我们看到,如果纯存在模式中只有一个自由变项,那么该模式是有效的,如果用此变项替换基体模式①中的原约束变项所得到的真值函项模式是有效的。

事实上,这不但是纯存在模式有效的充分条件,同时也是必要条件。为说明这一点,让我们考虑与(3)略有不同的纯存在模式"∃y∃z〔(Fy→−Gy)·Hx·Fx→Hz·Gz〕"。用 x 替换基体模式中的 y 和 z,将会得到"(Fx→−Gx)·Hx·Fx→Hx·Gx"。这个模式并不是有效的:

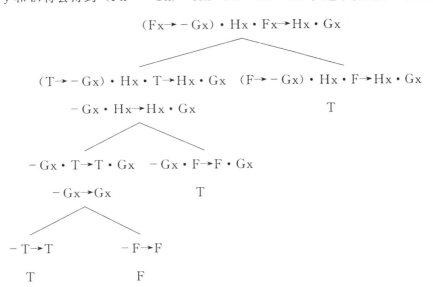

它在"Fx""Gx""Hx"分别为真、假和真时是假的。现在我们来说明,原来的量化模式也是无效的。现在考虑只包含唯一一个对象 x 的论域。显然,"∃y∃z〔(Fy→−Gy)·Hx·Fx→Hz·Gz〕"在此论域内将化为"(Fx→−Gx)·Hx·Fx→Hx·Gx";而且,它在此论域内是假的,如果我们将"F""G""H"分别解释为对 x 为真、为假和为真。这就表明"∃y∃z〔(Fy→−Gy)·Hx·Fx→Hz·Gz〕"并不是对所有论域的所有解释都是真的,因而是一个无效模式。

纯存在模式并不都像(4)那样,只有一个自由变项。对于一般的情况,我们同样也将它的有效性归结为某个真值函项模式的有效性。为便于说明,让我们假定纯存在模式中含有两个量词"∃x"和"∃y",和两个自由变项字母"z"和"w"。

_____

① 如果一个标准的量词前置式中含有不止一个量词,那么它的基体模式会有不止一个。比如"∃x∀y∃zFxyz"的基体模式就有"∀y∃zFxyz""∃zFxyz"和"Fxyz"这三个基体模式。这里指的是最后一个,即去除所有量词以后所剩下的模式。

对基体模式的变项替换有以下 4 种情况：

(1)将 x 和 y 都替换为 z。

(2)将 x 和 y 都替换为 w。

(3)将 x 和 y 分别替换为 z 和 w。

(4)将 x 和 y 分别替换为 w 和 z。

这 4 种替换将各产生一个真值函项模式。原来的纯存在模式是有效的，当且仅当以上 4 个模式的析取式是有效的。但在很多情况下，为了表明纯存在模式的有效性，我们没有必要检验这 4 个模式的析取式是有效的，只要我们能看出其中的某一个或某两个或某三个的析取式是有效的即可。如果纯存在模式中没有自由变项，我们可以任意指定一个字母，比如"x"，用它来替换基体模式中的所有变项，再来检验所得模式的有效性。如果纯存在模式中的量词数目退化为零，我们可以直接检验它的有效性，因为这是一个没有量词的真值函项模式。

为了让读者熟悉纯存在模式法的具体操作，下面我们再来看一个简单的推理。

前提：狗是动物。

结论：狗头是动物头。

首先我们来分析前提和结论的各自的量化结构：

前提：$\forall x(x是狗 \rightarrow x是动物)$

结论：$\forall x(x是狗头 \rightarrow x是动物头)$

令：Fx：x 是狗，Gx：x 是动物，Hx：x 是狗头，Jx：x 是动物头。以上前提和结论显然是下面这组模式的匹配例句：

前提：$\forall x(Fx \rightarrow Gx)$

结论：$\forall x(Hx \rightarrow Jx)$

但这两个模式之间没有任何相同的谓词字母，显然是不相干的，不可能存在着蕴涵关系。我们可以用纯存在模式法来验证这一点。以前提模式为前件，以结论模式为后件的条件模式是：

(6) $\forall x(Fx \rightarrow Gx) \rightarrow \forall x(Hx \rightarrow Jx)$

再做前置化处理。在上面关于大象的例子中，我们把换字母放在转换过程的中间，目的是让读者看清为什么进行到这里需要换字母。随着熟练程度的提高，我们可以将换字母这件事放在一开始做。只要一个模式或一组模式中出现相同的量词，我们就进行调整，使得量词各不相同，而且使量词中的变项（即约束变项）与模式中的自由变项相区别。

$\forall x(Fx \rightarrow Gx) \rightarrow \forall y(Hy \rightarrow Jy)$ …换字母

$\forall y[\forall x(Fx \rightarrow Gx) \rightarrow (Hy \rightarrow Jy)]$

(7) $\forall y \exists x[(Fx \rightarrow Gx) \rightarrow (Hy \rightarrow Jy)]$

对(7)中所有量词后面的基体模式做替换，用 y 替换其中的 x，得：

(8) $(Fy \rightarrow Gy) \rightarrow (Hy \rightarrow Jy)$

这显然是个无效模式，至少在"Fy""Gy"和"Hy"都为真，而"Jy"为假的情况下是假的。所以(7)和(6)也是无效模式。

但这个关于狗的推理明显是有效的。难道我们的直觉错了？没有错。说一个推理是有效的,并不等于说该推理所从属的所有模式都是有效的。而是说,该推理所从属的所有模式中至少有一个是有效的。我们上面对这个推理的分析是正确的,但不够深入,所以不足以揭示前提蕴涵结论这一事实。

对前提只能分析成上面的样子了。但结论可以有更深入的分析:

∀x(x 是狗头→x 是动物头)

∀x(∃y(y 是狗·x 是 y 的头)→x 是动物头)

∀x[∃y(y 是狗·x 是 y 的头)→∃y(y 是动物·x 是 y 的头)]

在原先的粗浅分析中,前提和结论共涉及 4 个谓词,前提和结论各占 2 个。在现在的分析中,前提和结论只涉及 3 个谓词,而且有 2 个同时出现在前提和结论中。所以现在的分析是更到位的。

令:Fx:x 是狗,Gx:x 是动物,Hxy:x 是 y 的头。本推理的前提和结论显然是下面这组模式的匹配例句:

前提:∀x(Fx→Gx)

结论:∀x[∃y(Fy·Hxy)→∃y(Gy·Hxy)]

写出以前提模式为前件、结论模式为后件的模式:

(9) ∀x(Fx→Gx)→∀x[∃y(Fy·Hxy)→∃y(Gy·Hxy)]

这个模式就是上一章习题中让读者练习前置化的模式。这里省去前置化处理的过程,直接写出结果:

(10) ∀x∀y∃z∃u[(Fz→Gz)→(Fy·Hxy→Gu·Hxu)]

再写出它的基体模式:

(11) (Fz→Gz)→(Fy·Hxy→Gu·Hxu)

我们写出对(11)进行变项替换后所得的所有 4 个模式:

(11-1) (Fx→Gx)→(Fy·Hxy→Gx·Hxx)…用 x 替换 z 和 u 所得

(11-2) (Fy→Gy)→(Fy·Hxy→Gy·Hxy)…用 y 替换 z 和 u 所得

(11-3) (Fx→Gx)→(Fy·Hxy→Gy·Hxy)…用 x 替换 z、用 y 替换 u 所得

(11-4) (Fy→Gy)→(Fy·Hxy→Gx·Hxx)…用 x 替换 u、用 y 替换 z 所得

再往下,最规矩的做法是检验这 4 个模式的析取式的有效性。但这样做,工作量其大,应该是不得已才为之。在不得不这样做之前,我们可以看看能不能偷点懒。只要我们在这 4 个模式中发现任何一个是有效的,我们就可得出原推理有效的结论了。经过仔细观察,我们觉得(11-2)为有效的可能性比较大,因为其中只含有 3 种原子模式:Fy、Gy、Hxy。读者可以自行验证一下(11-2)确实是有效的。

但这里要提醒一下,如果遍试这 4 个模式中的每一个,遍试其中的 2 个模式或 3 个模式的析取式,仍没有发现有效式,这并不足以说明原模式是无效的。这时,为了确定原模式到底是不是有效模式,仍需要按上面所说的最规范的做法来做,即检验全部 4 个模式的析取式的有效性。

纯存在式法作为一种检验量化模式是否有效的方法,其优点在于能让我们得出肯定或否定

的结论,这方面它可与用来检验真值函项模式有效性的真值分析法媲美。但美中不足的是,这种方法并不是普遍适用的,因为有些量化模式拒绝被转换为全称量词在前、存在量词在后的前置模式。我们仍通过一个例子加以说明。我们在本书一开始曾说过,虽然从"有人爱所有人"能推导出"所有人都有人爱",但反过来并不成立,即从"所有人都有人爱"并不能推出"有人爱所有人"。对其中的有效推理,我们留给读者做练习。我们来看其中的无效推理。这个无效推理所对应的量化模式是:

(12)∀x∃yFyx→∃x∀yFxy

如果我们能用移置规则将(12)转换为全称量词在前、存在量词在后的前置模式就好了;那样的话,我们最终只需做一次真值分析,便能知道(12)是无效的了。但这个模式是无法转换为全称量词在前、存在量词在后的前置模式的。对(12),我们可以运用关于"p→∃xFx"的移置规则,也可以运用关于"∀xFx→p"的移置规则。

运用关于"p→∃xFx"的移置规则,(12)化为:

(12-1)∃x(∀x∃yFyx→∀yFxy)

运用关于"∀xFx→p"的移置规则,(12)化为:

(12-2)∃x(∃yFyx→∃x∀yFxy)

或者,我们可以将(12)先转化为"-∀x∃yFyx∨∃x∀yFxy",再转化为"∃x∀y-Fyx∨∃x∀yFxy"(这是两次运用关于"并非"的移置规则后得到的结果),再运用存在量词对析取的分配律,得到"∃x(∀y-Fyx∨∀yFxy)"。可见,不管怎么操作,都只能得到存在量词前置的模式。

下一章我们将要介绍另一种证明有效性的方法。这种方法倒是适用于所有量化模式,但又有它的美中不足之处,即它并不能用来证明无效性。因此无论是我们现在的方法,还是将要介绍的方法,都无法建立起模式(12)的无效性。要说明这个模式的无效性,我们只有想象出一种其否定式在其中可以自圆其说的情形。这实际上就是我们在第一章中对和这个模式对应的无效推理的说明。

尽管纯存在式法并不能适用于所有量化模式,但它确实适用于所有一位量化模式。所谓一位量化模式,是指其中所有谓词字母的后缀都只有一个变项字母的模式。换言之,一位量化模式中只含有"Fx""Gy"等原子模式,而不含有"Hxy""Jxx""Kuvw"这样的原子模式。纯存在式法之所以能适用所有的一位量化模式,是因为一位量化模式都可以转换为全称量词在前、存在量词在后的前置模式。一位量化模式之所以都可以转换为全称量词在前、存在量词在后的前置模式,是因为任何含有量词嵌套的一位量化模式都可以被解套,而一旦被解套,我们就可以将之转换为合意的量词前置模式。比如,"∃x∀y(Fx·Gy)",可以解套为"∃xFx·∀yGy",然后经过前置化处理转换为"∀y∃x(Fx·Gy)"。而与之颇为相像的二位量化模式"∃x∀yFxy"则无法解套,因而也就无法对其量词顺序进行重排。

传统逻辑中所特别看重的三段论,从现代的眼光看,都属于一位量化模式的范畴。因此任何三段论推理,我们都可以用我们这一章所讲的纯存在式法来决定它是不是有效的。读者不必浪费时间去学习传统的三段论理论,不必去琢磨哪个三段论属于哪个格式,并据此判断它是否有效。有更现代更有效率的东西,为什么不用呢?而且纯存在式法能解决的还不止是三段论推理的有效性问题,甚至也不止是一位量化模式的有效性问题。我们对(9)的成功处理表明,它也可以用来解决一些多位量化模式的有效性问题。

复习思考题十四

1. 检验下面两个三段论的有效性。

(1)前提一：所有人都会死。

　　前提二：所有人都有缺点。

结论：有些会死的东西是有缺点的。

(注：AAI－3)

(2)前提一：雪是白的。

　　前提二：有些布不是白的。

结论：有些布不是雪。

(注：AOO－2)

2. 检验下面的说法是不是一致的。

有些选逻辑和拉丁语的学生既没有选物理也没有选古希腊语，但所有选拉丁语或化学的学生都选了逻辑和古希腊语。

(提示：检验这个说法的否定句的有效性：如果是有效的，那么原说法是不一致的；如果是无效的，那么原说法是一致的。)

3. 检验下面推理的有效性。

前提：有人爱所有人。

结论：所有人都有人爱。

第十五章 量化模式有效性的证明方法:奎因方法

上一章所讲的纯存在式法,作为一种检验量化模式有效性的技术,其好处是,它可以给出肯定和否定两种答案,即它既可以对有效模式的有效性作出说明,又可以对无效模式的无效性作出说明。

纯存在式法可以用来检验任何一个一位量化模式的有效性,就像真值分析法可以用来检验任何一个真值函项模式的有效性一样。换言之,在真值函项模式的领域,在包括真值函项模式在内的一位量化模式的领域,存在着关于有效性的决定性技术。但对于一般的量化模式,这样的决定性技术并不存在。在上一章中我们看到,纯存在式法之所以无法成为关于一般量化模式有效性的决定性技术,是因为有些量化模式无法被转化为纯存在式或纯存在式的全称量化式。

尽管在一般量化模式的领域,并不存在决定有效与否的一般技术,但这并不能阻止逻辑学家发展出证明有效性的一般技术。证明性技术和决定性技术的区别在于,后者总能给出是或否的答案,前者只能给出是的答案。成功的证明固然能表明正在处理的模式是有效的,但不成功的证明却并不意味着正在处理的模式是无效的。也许这个模式确实是无效的;也许它是有效的,但我们没有找到适当的证明路径,这和我们熟悉的几何证明中的情形是一样的。

我们这里介绍的证明方法是美国逻辑学家奎因提出来的。他自己把它称为"主要方法"(The Main Method)。他之所以这样称呼它,是因为其他和它相似的自然推理方法都可以从中发展出来。这个方法非常自然,非常简单,非常容易掌握,所以我们将它更名为"奎因方法"并推荐给读者朋友。在这一章里,我们先来叙述这一方法,并证明这种方法是可靠的,即被这种方法认定为有效的模式确实是有效的。下一章我们将来证明这种方法是完全的,即任何有效模式的有效性都可以通过这种方法加以证明。

这种方法属于我们在第六章中所说的间接证明法。在间接证明法中,如果要表明某个单个模式是有效的,我们可以否定这个模式,再从中推导出一个矛盾的模式。更常见的情况是:我们需要表明一组模式(前提模式,可以只有一个)蕴涵另一个模式(结论模式),这相当于要表明以前提模式的合取为前件、以结论模式为后件的条件模式是一个有效模式。我们可以采用间接证明法:——肯定前提模式并否定结论模式,再从中推导出一个矛盾的模式。

我们先来看一个单个模式:

(1)$\exists y \forall x(Fzx \rightarrow Fyx)$

这个模式是有效的,但它的有效性并不能由纯存在式方法得到说明。在我们的新方法中,我们先否定这个模式:

(2)$-\exists y \forall x(Fzx \rightarrow Fyx)$

再将它作前置化处理。我们当然可以运用关于"并非"的移置规则,通过两步实现这一目标。但我们可以一步到位,直接将"并非"移置于两个量词之后,并将这两个量词更换类型:

(3) ∀y∃x－(Fzx→Fyx)

接下来,我们写出(3)的一个例化模式。我们用 z 替换(3)的基体模式"∃x－(Fzx→Fyx)"中的 y,得到:

(4) ∃x－(Fzx→Fzx)

从(3)到(4)的这一步全称例化过程,简称为 UI。因为全称量化模式蕴涵其例化模式,所以(3)蕴涵(4)。我们现在要证明(3)是矛盾的,只需表明(4)是矛盾的即可。(4)的矛盾性可以通过上一章的纯存在式方法来表明。但下面的论证却是错误的:用 z 来替换(4)的基体模式中的 x,得到"－(Fzz→Fzz)",这显然是矛盾的,所以(4)是矛盾的。纯存在式方法直接检验的是有效性,因此如果要证明(4)的矛盾性,可以考虑证明(4)的否定式是有效的。(4)的否定式是"－∃x－(Fzx→Fzx)",即"∀x(Fzx→Fzx)",其基体模式"Fzx→Fzx"显然是有效的。

以上证明是正确的。总结一下:先将证明(1)的有效性归结为证明(2)的不一致性。然后证明(2)蕴涵(4)。再证明(4)确实是不一致的。因为(4)是不一致的,所以(2)也是不一致的。因为(2)是不一致的,所以(1)是有效的。

但在我们的新方法中,不会诉诸纯存在式方法。在上例中,我们会再对(4)做例化,以得到无量词的真值函项模式。这一次不是全称例化,而是存在例化(简称为 EI)。全称例化对所选做例化的字母,除了第十二章中所说的限制(例化字母不得被基体模式中的量词所约束)外没有任何额外的限制。存在例化则有一个额外的限制,例化字母不得是之前论证过程中出现过的自由变项字母。我们选择"u"即可满足要求:

(5) －(Fzu→Fzu)

(5)显然是矛盾的。但我们能从(5)是矛盾的,得出(4)是矛盾的吗? 可以的。但下面的论证过程却是错误的:因为(5)是矛盾的,而(4)又蕴涵(5),所以(4)也是矛盾的。矛盾模式确实只能为矛盾模式所蕴涵,但问题是存在量化模式并不蕴涵其例化模式,因此(4)并不蕴涵(5)。但上面我们对存在例化的额外限制,却可以让我们不必证明(4)蕴涵(5)(这一点也不可能得到证明),而直接从(5)的矛盾性推导出(4)的矛盾性。

现在我们来证明这一点。为了便于叙述,我们可以去掉各模式序号中的括号。虽然(4)并不蕴涵(5),但"4"和"4→5"的合取一定蕴涵"5"。而"5"是矛盾的,所以"4"和"4→5"的合取:

4·(4→5)

(6) ∃x－(Fzx→Fzx)·［∃x－(Fzx→Fzx)→－(Fzu→Fzu)］

也是矛盾的。

正像一个模式添加上全称量词不影响其有效性一样,一个模式添加上存在量词也不影响其一致性。因此我们给(6)添上存在量词"∃u"后所得到的模式:

∃u［4·(4→5)］

(7) ∃u{∃x－(Fzx→Fzx)·［∃x－(Fzx→Fzx)→－(Fzu→Fzu)］}

也是不一致的或矛盾的。

由于"u"只出现在(5)中(这是由 EI 规则所保证的),所以我们只要对(7)反复运用移置规则,就可得到与之等价的,但其中"∃u"只及于(5)模式:

4·∃u(4→5)

4·(4→∃u5)

(8)∃x－(Fzx→Fzx)·[∃x－(Fzx→Fzx)→∃u－(Fzu→Fzu)]

其中的"4→∃u5",也即条件模式"∃x－(Fzx→Fzx)→∃u－(Fzu→Fzu)",其前后件实际是同一个模式,故而是一个有效模式。所以,(8)的不一致性可以化为"∃x－(Fzx→Fzx)"的不一致性,也即(4)的不一致性。

现在,我们用奎因方法处理上一章中关于狗头的那个例子。我们以那个推理的前提模式和结论模式的否定模式为前提:

(9)∀x(Fx→Gx)

(10)－∀x[∃y(Fy·Hxy)→∃y(Gy·Hxy)]

对(10)做前置化处理。为了加快后面的处理过程,可以尽量将存在量词置前:

(11)∃x－[∃y(Fy·Hxy)→∃y(Gy·Hxy)]

(12)∃x[∃y(Fy·Hxy)·－∃y(Gy·Hxy)]

(13)∃x[∃y(Fy·Hxy)·∀y－(Gy·Hxy)]

(14)∃x[∃y(Fy·Hxy)·∀z－(Gz·Hxz)]…换字母

(15)∃x∃y[(Fy·Hxy)·∀z－(Gz·Hxz)]

(16)∃x∃y∀z[Fy·Hxy·－(Gz·Hxz)]

前置化当然也可以"∃x∀z∃y[Fy·Hxy·－(Gz·Hxz)]"结束,但这将增加后继处理的长度。

下面对(9)和(16)进行例化处理。先做存在例化是比较合理的,因为如果先做全称例化的话,所产生的自由变项是无法被后面的存在例化所用的;而如果先做存在例化的话,所产生的自由变项是可以被后面的全称例化所用的。

(17)∃y∀z[Fy·Huy·－(Gz·Huz)]…用字母"u"对(16)做存在例化

(18)∀z[Fy·Huv·－(Gv·Huv)]…用字母"v"对(17)做存在例化

(19)Fv·Huv·－(Gv·Huv)…用字母"v"对(18)做全称例化

(20)Fv→Gv…用字母"v"对(9)做全称例化

(19)和(20)的合取是一个矛盾模式:

Fv·Huv·－(Gv·Huv)·(Fv→Gv)

T·Huv·－(Gv·Huv)·(T→Gv)   F·Huv·－(Gv·Huv)·(F→Gv)

Huv·－(Gv·Huv)·Gv   F

F

现在我们来证明:从(19)和(20)的合取是矛盾的,可以推导出(9)和(16)的合取是矛盾的。

(19)和(20)的合取虽然不为(9)和(16)的合取所蕴涵,但确实为(9)、(16)、"16→17"和"17→18"(后两个可以称为存在例化条件模式)的合取所蕴涵。我们不妨将"16→17"和"17→18"这两个存在例化条件模式看作"9"和"16"之外的两个前提,这样一来,上面的(17)至(20)这四行中的

每一行都为(9)、(16)、"16→17"和"17→18"这4个前提的合取所蕴涵。（可参见前面的第六章的有关段落）

(21)9·16·(16→17)·(17→18)

既然"19·20"是矛盾的,那么(21)也是矛盾的。以下只需要将上面从(7)至(8)的论证过程重复两次,就可以从(21)是矛盾的推导出"9·16"是矛盾的。（请读者自行完成）

奎因方法在操作上是非常简单的,就是反复地做全称例化和存在例化（尽量先做存在例化,并且在做存在例化时要选用新的例化字母）,直至产生一组矛盾的无量词模式。

在对一组模式运用奎因方法之前,要做两点准备工作。第一,把每一个模式转换成标准前置式,这我们已经知道了。第二,每一个模式中的约束变项不得与任何模式中的自由变项相同。试考虑"∃w-Fyw"和"∀x∀yFxy"这两个模式。它们之间是不一致的,但读者不妨试一下,如果照现在的样子,无论如何运用奎因方法,也无法表明它们之间的不一致性。解决方法:因为第二个模式中的约束变项y在第一个模式中是自由的,所以我们需要将第二个模式中的约束变项y换一个字母,比如换成z,使这个模式被改写为"∀x∀zFxz";读者可以再试一下,这样一来证明过程就畅通无阻了。

我们在本章一开始就说奎因方法是一种很自然的方法。我们就以上面这个关于狗头的例子来实际体会一下。

(22)前提:狗是动物。

(23)结论:狗头是动物头。

我们在第一章就说过,有效推理就是肯定前提而否定结论会导致矛盾的推理。因此,说这个推理是有效的,就是说肯定(22)而否定(23)会导致矛盾。现在我们就来看(22)与(23)的否定句:

(24)并非所有狗头是动物头。

这两者是不是相矛盾。(24)的另一种说法是"有些狗头不是动物头"。很好,既然有些狗头不是动物头,不妨设v是这样的一个不是动物头的狗头:

(25)v是狗头但不是动物头。（存在例化）

说v是狗头,就是说v是某条狗的头。很好,既然v是某条狗的头,不妨设u是这样一条狗:

(26)u是狗而且v是u的头。（存在例化）

说v不是动物头,就是说,任何东西只要是动物,v就不是它的头。故:

(27)如果u是动物,那么v不是u的头。（全称例化）

(22)的另一种说法是"任何东西只要是狗就是动物"。很好,既然任何东西只要是狗就是动物,那么,

(28)u只要是狗就是动物。（全称例化）

(26)至(28)这3者是矛盾的。证明如下:

(29)u是动物…(26),(28)

(30)v不是u的头…(29),(27)

(31)v是u的头…(26)

(32) v 是 u 的头而且 v 不是 u 的头 … (30),(31)

比较一下前面的(17)至(20)的例化过程,和这里的(25)至(28)的例化过程,两者实质上是一样的,只是(17)至(20)的例化过程更加正式。在非正式论证中,例化无需等到将所有的量词挖掘出来并统统前置化后再进行,例化可以作用于任何量词为主联结词的语句。当将(24)"并非所有狗头是动物头"分析为存在量化句"有些狗头不是动物头"后,其实还可以继续分析下去,但继续分析的结果很难用流利的日常语言来表述,所以我们可以先对这个分析结果进行例化处理。非正式的过程行之不远,当推理比较复杂时,诉诸正式的过程往往是必须的。

复习思考题十五

1. 从(21)是矛盾的,推导出"9·16"是矛盾的。
2. 用奎因方法证明下面的推理是有效的:

前提一:我喜欢任何自嘲的人。

前提二:我讨厌任何嘲笑他所有朋友的人。

结论:如果任何人嘲笑他所有朋友,那么有人不是他自己的朋友。

(提示:这是一个省略推理,尝试将省略的前提补充出来。)

第十六章　奎因方法的完全性和其他

上一章我们证明了奎因方法的可靠性，即只要用此法从一组量化模式中产生了一组不一致的无量词例化模式，那么这组量化模式本身也是不一致的。本章我们将证明：只要用此法从一组量化模式中产生的任何一组有限的无量词的例化模式都是一致的，那么这组量化模式也是一致的。如果这一点成立，那么：如果一组量化模式是不一致的，那么用此法一定可以产生一组不一致的无量词的例化模式，即此法对不一致量化模式的覆盖是完全的，任何不一致的量化模式的不一致性都可用此法加以证明。

完全性的证明需要用到无限合取定律：一个由无限多个真值函项模式所组成的集合是一致的，如果该集合的任何有限子集都是一致的。说一个由真值函项模式所组成的集合是一致的，就是说：存在着一种对模式字母的解释，在此解释下该集合中的所有模式都为真。以下是证明过程。

令 K 是某个由无限多个真值函项模式所组成的集合，其中每一个以有限多个模式为合取肢的合取（可称为 K - 合取）是一致的。让我们将 K 中的模式字母记为"p_1""p_2"等等。

定义：对某一个或某几个模式字母的真值赋值是无害的，如果它与任何 K - 合取不相冲突，即它不会使任何 K - 合取为假。

定义：t_1 是 T，如果"p_1"被赋值 T 时是无害的；是 F，如果"p_1"被赋值 F 时是无害的。

引理 1：存在着一个对"p_1"的赋值 t_1（等于 T 或 F），使得"p_1"在被赋值 t_1 时是无害的。

证明：如果"p_1"取 T 时与某个 K - 合取相冲突，取 F 时也与某个 K - 合取相冲突，那么考虑这两个 K - 合取的合取（仍是一个 K - 合取），显然不论"p_1"为真还是为假，它都是假的，从而该 K - 合取是矛盾的。这与已知条件"每一个 K - 合取都是一致的"是相矛盾的。因此，"p_1"或者在被赋值 T 时是无害的，或者在被赋值 F 时是无害的。一句话，"p_1"在被赋值 t_1 时是无害的。

定义：t_2 是 T，如果"p_1"和"p_2"被分别赋值 t_1 和 T 时是无害的；是 F，如果"p_1"和"p_2"被分别赋值 t_1 和 F 时是无害的。

引理 2：存在一个对"p_2"的赋值 t_2（等于 T 或 F），使得"p_1"和"p_2"在被分别赋值 t_1 和 t_2 时是无害的。

证明：如果"p_1"取 t_1、"p_2"取 T 时与某个 K - 合取相冲突，"p_1"取 t_1、"p_2"取 F 时也与某个 K - 合取相冲突，那么单纯的"p_1"取 t_1 就会与这两个 K 合取的合取相冲突。这与引理 1 相冲突。因此，"p_1"和"p_2"或者在被分别赋值 t_1 和 T 时是无害的，或者在被分别赋值 t_1 和 F 时是无害的。一句话，"p_1"和"p_2"在被分别赋值 t_1 和 t_2 时是无害的。

引理 3 及以下从略。

考虑 K 中的任一模式 S，一定存在着某个正整数 i，使得模式字母"p_1""p_2"…"p_i"可以穷尽其中的模式字母。对这些字母分别赋值 t_1、t_2…、t_i，S 在此赋值下非真即假。但根据引理 i，S 在此赋值下不可能为假，因此为真。由于 S 是 K 中的任一模式，所以，当"p_1""p_2"…被分别赋值 t_1、t_2…时，K 中的每一个模式都是真的，也即 K 是一致的。

下面证明奎因方法的完全性。

让我们假定要考察的一组量化模式的量词已经完全前置化,而且其中任何约束变项都不与自由变项相同。让我们制定下列例化的顺序。首先是第一波的存在例化。存在量词置前的每一行都只被例化一次。如果在例化过程中产生新的存在量词置前的行,随后立即例化之。然后是第一波的全称例化,前提中已有的和第一波存在例化过程中产生的自由变项都在考虑之列。然后是第二波的存在例化,对象是第一波的全称例化过程中新产生的存在量词置前的行。再然后是第二波全称例化。对在第一波中已经例化过的那些全称量词置前的行,以第二波存在例化中产生的新的自由变项为例化变项。对在第二波中新产生的那些全称量词置前的行,则以迄今所有的自由变项为例化变项。如此等等。有一种极端情况要交代一下:如果要考察的一组量化模式在完全前置化后没有存在量词,而且没有自由变项,我们就随意指定一个字母来做全称例化。

为使读者有一个直观的印象,也为了便于下面证明过程的举例说明,我们以上一章中习题2中所得到的那一组模式(追加的前提不在之内)为例,把它的前两波例化过程写出来:

前提:

(1) $\forall x(Cxx \rightarrow Lx)$

(2) $\forall x \exists y[(Pyx \rightarrow Cxy) \rightarrow Hx]$

(3) $\exists x \forall y[(Pyx \rightarrow Cxy) \cdot Pyy]$

第一波存在例化:

(4) $\forall y[(Pyz \rightarrow Czy) \cdot Pyy] \cdots (3)$

第一波全称例化:

(5) $Czz \rightarrow Lz \cdots (1)$

(6) $\exists y[(Pyz \rightarrow Czy) \rightarrow Hz] \cdots (2)$

(7) $(Pzz \rightarrow Czz) \cdot Pzz \cdots (4)$

第二波存在例化:

(8) $(Pwz \rightarrow Czw) \rightarrow Hz \cdots (6)$

第二波全称例化:

(9) $Cww \rightarrow Lw \cdots (1)$

(10) $\exists y[(Pyw \rightarrow Cwy) \rightarrow Hw] \cdots (2)$

(11) $(Pwz \rightarrow Czw) \cdot Pww \cdots (4)$

由于每一波全称例化都会产生一个新的"$\exists y$"前置的模式,所以每一波全称例化后一定会跟随新一波存在例化,而新一波存在例化又会产生新的自由变项,这新的自由变项又会引发新一波的全称例化,所以这组模式的例化过程永远不会完结。不过在我们的例子中,如果在前提模式中加入一个前提"$\forall x(Lx \rightarrow -Hx)$",那么当例化过程进行了两波后,已足以产生矛盾了,从而扩充的模式组是矛盾的。没扩充前的这组模式仍是一致的,而为了以下的说明起见,让我们以这组未扩充的一致模式组为例。

令 A_1、$A_2 \cdots$ 是前提中的谓词字母(在上面的例子中是"L""H""C"和"P")与前提中已有的和例化过程中产生的全部自由变项字母结合而成的原子模式(在上面的例子中它们包括"Lz""Hz""Czz""Pzz""Lw""Hw""Czw""Cwz""Cww""Pzw""Pwz""Pww"等等)。整个过程中产生的每一个无量词模式都是它们的真值函项。

假定任何无量词模式的有限集都是一致的,那么:根据前面的无限合取引理,存在着一个对 A_1、A_2…的赋值 t_1、t_2…,使得每一个无量词模式都是真的。令论域为自然数 1、2…,其个数正好等于不同的自由变项的个数;如果不同的自由变项有无限多个,就以全部自然数为论域。根据自由变项的出场次序分别对它们赋值为 1、2…,再根据上面对 A_1、A_2…的赋值 t_1、t_2…,把任何一个一位谓词字母解释成适用于论域中的任何自然数或一些自然数,或不适用于论域中的任何自然数;把任何一个二位谓词字母解释成适用于论域中任何成对的自然数或一些成对的自然数,或不适用于论域中的任何成对的自然数,如此等等。

结合上面的例子,论域显然是全部自然数,因为整个例化过程会源源不断地产生出新的自由变项,其中各自由变项 z、w…分别被赋值 1、2…。对原子模式的合格的真值赋值可能不止一种,但将它们全部规定为真,是一眼就能看出的合格的真值赋值。对应于这种赋值,对谓词字母的解释则是:一位谓词"L""H"被解释成对任何自然数都成立,二位谓词字母被解释成对任何有序的自然数对都成立。对照:扩充的模式组因为在第二波例化完成后即已产生一个矛盾的无量词模式集,因此并不存在着能使每一个无量词模式都为真的对 A_1、A_2…的赋值 t_1、t_2…。

以上所证明的是:如果任何有限的无量词模式是一致的,那么存在着一种对谓词字母和自由变项的解释,使得每一个无量词模式都是真的。接下来我们来说明,含有一个量词的模式在此解释下也都是真的。我们分存在模式和全称模式两种情况加以说明。对于存在模式,比如上面的(6),由于它一定会在下一轮的存在例化中得到处理,所以其例化模式一定包含在无量词的模式的集合之中。在我们的例子中,(6)的例化模式是(8)。但存在模式是为其例化模式所蕴涵的,所以由于(8)在上面的解释中为真,(6)一定也是真的,否则的话就矛盾了。

对于全称模式,由于它并不为其例化模式所蕴涵,论证要复杂一些。我们规定的例化程序可以确保任何全称模式会被所有自由变项所例化。而我们已经知道所有这些无量词的例化模式在上面的解释中都是真的。这意味着什么呢?以我们的例子中的(4)而论:它的 z-例化模式是真的,说明它的基体模式对于论域中的 1 是真的;它的 w-例化模式(11)是真的,说明它的基体模式对于论域中的 2 是真的,如此等等。因此,说全称模式的所有例化模式在上面的解释中都是真的,也就是说全称模式的基体模式在上述解释中对于论域中的所有对象都是真的,而这正是全称模式在上述解释中为真的含义。

以下的过程就一马平川了,只要把上面的说明重复几次(到底几次,视前提模式中含有最多量词的那个模式有几个量词而定。就我们的例子而论,只需再重复一次),就可以说明每一个前提模式在上述解释中是真的,从而是一致的。

这一章所证明的完全性和上一章所证明的可靠性合起来就是:一个量化模式是有效的,当且仅当它可以用奎因方法加以证明。量化有效模式的例句,即量化真或量化有效句,就是通常所谓的逻辑真(真函真或真函有效句是它的一个子集)。因此,把上面的结论运用于语句层面,就是:一个语句是逻辑真,当且仅当它可以用奎因方法加以证明。在逻辑中,真理性和可证明性虽然不是一回事,但两者所适用的语句是一样的。量化模式有效性的证明方法当然不只有奎因方法。早在 1879 年,弗雷格就提出了一个量化模式有效性的证明方法。此后与之类似的这种或那种公理化风格的证明方法一直大行其道。奎因方法则属于另一种自然推理风格。最早的自然推理方法出现在 1930 年代初,奎因方法出现在 1955 年奎因的《逻辑方法》一书中。各种证明方法,都和奎因方法一样,既是可靠的,又是有效的。量化模式有效性的证明方法具有完全性,这一点最早是由哥德尔于 1930 年明确提出的,他所针对的是公理化证明方法。

说到证明,除了逻辑之外,人们会自然想到数学。那么在数学中,真理性和可证明性的外延也相同吗?人们曾经一直认为应该是相同的,特别地,人们认为数学证明方法应该具有完全性,即凡是数学真理,都应该可以得到严格的证明。我们都碰到过百思不得其解的几何证明题,但我们坚信,如果要证明的结论确实是真的,那就一定存在着通达于它的证明路径,只是我们暂时还没有想到而已。

但这个想法虽然根深蒂固,却是错误的。数学证明方法不具有单纯的逻辑证明方法所具有的完全性。这一点也是由哥德尔发现的。他的这一成果被称为哥德尔(第一)不完全性定理,发表于1931年,而上面谈到的他上一年的研究结论则被称为哥德尔完全性定理。他的成果的最初形式虽然是关于自然数的理论(即数论)的,但也适用于作为数学基础的集合论,从而扩散到所有的数学部门。而且即使只考虑数论,他的结论也是足够令人惊讶的了。我们中国人因为陈景润的关系,几乎都知道有一个哥德巴赫猜想。这个猜想就是一个数论中的命题,但却一直没有被攻克。但这个猜想的内容可以说是一点也不深奥,但凡上过小学的人都能理解:任何充分大的偶数都可以写成两个质数之和。哥德尔定理教导我们,认为该猜想如果是真的就一定可以得到证明,这样一种信心是没有根据的。

但从另一个角度看,哥德尔定理不但不应令人惊讶,恰恰相反,它正是我们关于逻辑和数学的另外一些根深蒂固的观念的注脚。逻辑系统对逻辑真理的全覆盖并不令人惊讶,因为逻辑在人们的心目中本来就是自明的和微不足道的。完全性定理表明,逻辑真理要么在字面上就是自明的,要么是潜在自明的,即归根到底可以运用自明的规则将它们一步一步地推导出来。数学系统对数学真理的不完全覆盖也不令人惊讶,因为数学在人们的心目中本来就是高深的和难以充分理解的。不完全性定理表明,全部的数学真理,哪怕只是全部的数论真理,是不能指望借助自明的规则就能将它们一步一步地从任何一组一致的数论公理中推导出来的。现代逻辑发展初期,弗雷格和罗素曾宣称他们已经将数学还原成了逻辑,这是高估了它们之间的亲缘性。哥德尔的不完全性定理起到了拨乱反正的作用。

我们这里不打算像哥德尔那样直接证明这个定理,但我们可以很高兴地报告读者,从本章中对奎因方法完全性的证明过程出发,再加上其他一两个关于量化模式的结论,可以很自然地得出哥德尔的结论。

我们前面说过,证明有效性(或不一致性)的方法并不是一个决定有效与否的技术,因为它无法让我们得到否定性的结论。但如果我们既有具有完全性的证明不一致性的方法,又有具有完全性的证明一致性的方法,这两种技术合起来就是一个决定性的技术。一个模式或者是一致的或者是不一致的,只要我们有足够的耐心,我们终能完成其中的一种证明,从而得出决定性的结论。逻辑学家丘奇在1936年指出,一般量化模式的有效性不存在决定性技术。而我们已经看到一般量化模式的有效性是存在具有完全性的证明方法的。所以我们可以得出结论:一般量化模式中不存在具有完全性的证明一致性的方法。

前面对完全性的证明过程同时可以建立另一个重要结论:任何一致的量化模式都可以解释为某个关于自然数的真理。这就是司寇伦定理(1915年)。希尔伯特则进一步指出(1939年),任何一致的量化模式都可以解释为数论里的一条真理。

根据上两段中的两个结论,哥德尔关于数论里的真理不可能有完全性的证明方法这一结论,便是不可避免的。因为任何一致的量化模式可以被解释为数论里的某个真理,因此如果后者可以得到证明,那么前者的一致性也就同时得到了证明。但我们已经知道一致的量化模式可以被解释为数论里的真理,也知道并不是所有一致的量化模式的一致性都能得到证明,所以数论里的真理并不能都得到证明。

　　这不是哥德尔定理的实际证明路径,而只是一种可能的证明路径。我们把它报告出来只是为了帮助读者理解这个重要定理。实际上,这个可能的证明路径中用到的丘奇关于量化模式有效性的不可决定性的结论出现于 1936 年,希尔伯特对司寇伦定理的引申出现于 1939 年,都要晚于哥德尔 1931 年对不完全性定理的证明,而且丘奇对不可决定性的证明策略实际上来自哥德尔对不完全性定理的证明。

复习思考题十六

　　继续本章中的那个说明性例化过程,增加两波特称例化和全称例化。

第十七章 单独词项和"="

我们在第八章中曾提到过单独词项及其与谓词之间的区别:单独词项的功能是命名或指称对象,而谓词的功能是描述对象。在第十章中,我们曾谈到单独词项和谓词复合而成的谓述句,如"汤姆是聪明的",并指出谓述句的逻辑结构并不简单,但并没有着手加以分析。现在我们就来做这件事。

我们先来看一个经常被提到的推理:

前提一:所有人都会死。

前提二:苏格拉底是人。

结论:苏格拉底会死。

在传统逻辑中,这个推理被看成是一个三段论,含有"苏格拉底"的前提和结论都被处理成全称肯定句。这一处理意味着传统逻辑将"苏格拉底"当成了谓词"等于苏格拉底的对象"("{z:z＝苏格拉底}"):

前提一:∀x(x是人→x会死)

前提二:∀x(x＝苏格拉底→x是人)

结论:∀x(x＝苏格拉底→x会死)

令:Fx:x是人,Gx:x会死,Hx:x＝苏格拉底。这个推理的结构就是:

前提一:∀x(Fx→Gx)

前提二:∀x(Hx→Fx)

结论:∀x(Hx→Gx)

经过这样的分析,无论是根据传统三段论的规则,还是运用我们前面讲过的纯存在式方法或奎因方法,都可以说明它是一个有效推理。

虽然这样的处理可以说明上述推理的有效性,但终究是不正确的,因为单独词项和谓词的逻辑地位是不同的,根本不容混淆。

在现代逻辑中,上述推理中只包含两个谓词:"人"和"会死"。因此,它会用两个谓词字母来表示它们。至于苏格拉底,许多逻辑书中将它用所谓个体常项来表示,而在我们这里,则用一个自由变项来表示:

前提一:∀x(Fx→Gx)

前提二:Fy

结论:Gy

这样的处理同样可以说明这个推理的有效性:对前提一用"y"来例化,就得到"Fy→Gy",它和前提二以及结论的否定式,这三者是矛盾的。这个处理虽然没有单独词项和谓词之间的混淆,但似乎涉嫌另一个混淆,即单独词项和自由变项之间的混淆。如果我们将"F"和"G"分别解释为"人"和"会死",那么 "∀x(Fx→Gx)"的例句确实是"所有人都会死"。但开模式"Fy"的例句却不可能是闭语句"苏格拉底是人",而只能是开语句"y 是人"。如果硬要说"苏格拉底是人"就是"y是人",这便是将单独词项"苏格拉底"和自由变项"y"相混淆。

确实,苏格拉底并不就是自由变项 y,"苏格拉底是人"和"y 是人"也是一闭一开的两个不同的语句。我们并不将上述推理的有效性直接解释成上述有效结构的实例。但我们同时认为从上述结构的有效性可以推论出上述推理的有效性。这是怎么回事呢?

让我们回想一下量化模式有效性的定义:一个量化模式是有效的,当且仅当此模式在所有论域中的所有例句对所有自由变项的所有取值都是真的。很好。既然量化模式"∀x(Fx→Gx)·Fy→Gy"是有效的,所以它的例句"所有人都会死·y 是人→y 会死"在所有论域中对 y 的所有取值都是真的。很好。既然这个例句在所有论域中对 y 的所有取值都是真的,那么对苏格拉底也是真的。而说这个例句对苏格拉底是真的,就等于说语句"所有人都会死·苏格拉底是人→苏格拉底会死"是真的。

上述推理之所以是有效的,是因为与之对应的条件句"所有人都会死·苏格拉底是人→苏格拉底会死"是一个有效句;"所有人都会死·苏格拉底是人→苏格拉底会死"之所以是一个有效句,是因为它是有效句"所有人都会死·y 是人→y 会死"运用于苏格拉底的结果;"所有人都会死·y 是人→y 会死"之所以是一个有效句,是因为它是有效模式"∀x(Fx→Gx)·Fy→Gy"的例句。

但"所有人都会死·y 是人→y 会死"可以运用于苏格拉底吗? 可以,但前提是,我们的论域中确实有苏格拉底这个对象。如果我们的论域中没有苏格拉底这个对象,这种运用就是文不对题或无的放矢的。

如果从操作的角度看,我们对单独词项的处理是非常简单的:就像我们用语句字母来表示语句,用谓词字母来表示谓词一样,我们也用自由变项字母来表示单独词项,就仿佛自由变项字母是语句字母、谓词字母之外的又一类模式字母一样。我们前面所说乃是这种操作背后的机制。

单独词项除了名字之外,还有单独摹状词。单独摹状词的一般形式是"(ɿx)Fx",意思是"这个是 F 的唯一的东西"。比如,摹状词"(这个)当今法国国王"可以写成"(ɿx)(x 是当今法国国王"①,"(这个)张三的办公室"可以写成"(ɿx)(x 是办公室·x 是张三的)",等等。摹状词与名字的差别在于摹状词有内部的结构。这个内部结构如果对推理的有效性没有影响,我们可以像处理名字一样,单单用一个自由变项字母来表示摹状词。如果我们把前面的推理中的"苏格拉底"改成"(这个)当今法国国王",我们的处理将完全一样,只是将"所有人都会死·y 是人→y 会死"的应用对象从苏格拉底换成了(这个)当今法国国王。但如果我们需要从"这个当今法国国王是个秃子"推导出"有些国王是秃子",单单用自由变项字母"y"来表示"这个当今法国国王"就不够了。我们的前提要在"y 是秃子"之外,再加上"y 是国王"这一条才行,这就需要挖掘摹状词的内部结构。一般地,如果我们用"y"来表示"(ɿx)Fx",那么这一操作同时蕴涵了下面两点:Fy,∀x

---

① "(ɿx)(x 是当今法国国王)"是用"当今法国国王"替换"(ɿx)Fx"中的"F"而形成的。因此其中的"当今法国国王"是一个谓词,不是摹状词"(这个)当今法国国王"。汉语中因为缺乏定冠词,因此摹状词的一般形式,以及摹状词和参与构成摹状词的谓词之间的区别有些令人费解。在英语中,这些都是非常清楚的。摹状词的一般形式"(ɿx)Fx"说的是:the object x such that x is F。在"(这个)当今法国国王"这个例子中,摹状词是"the present king of France",参与形成这个摹状词的谓词是"present king of France"。

（Fx→x＝y）。前一点断言 y 是 F，后一点断言 y 具有唯一性：如果有什么东西也是 F，那这个东西一定是 y。"(ɿx)Fx"旨在指称的对象就是同时满足这两个条件的对象。这两个条件被称为摹状前提，它们可以合成为一个前提：∀x(Fx↔x＝y)。为什么可以做这样的合并？等下文讲完等同关系，就可以明白。

对于任何名字"a"，它显然解释为摹状词"(ɿx)x＝a"（这个等于 a 的唯一的东西）。苏格拉底显然就是这个等于苏格拉底的（唯一的）东西。从发生学的顺序看，当然是首先有"a"这个名字，然后我们才可以从中构造出谓词"＝a"，再进而构造出摹状词"(ɿx)x＝a"。但我们可以坚持谓词"＝a"在逻辑上是更基本的，并在此基础上将"a"解释为用这个谓词所构造的摹状词"(ɿx)x＝a"。这个做法可以使我们对名字和摹状词做统一的处理，从而起到简化逻辑的作用。将所有单独词项都统一处理成摹状词，对我们来说还只是一个中间步骤，一个通往将所有语境中的单独词项尽数消去这一最终目标的中间步骤。

摹状词"(ɿx)Fx"所出现的基本语境，可以归结为两种。我们可以用它和谓词"G"一起形成谓述句"G(ɿx)Fx"，比如"那个当今的法国国王是秃子"。我们也可以直接说出存在句"(ɿx)Fx 存在"，比如"那个当今法国国王存在"。

我们先来考察第二种语境。说(ɿx)Fx 存在，也就是说满足上述摹状条件的对象是存在的，即∃y∀x(Fx↔x＝y)。因此，"(ɿx)Fx 存在"可以翻译为"∃y∀x(Fx↔x＝y)"。同样地，"(ɿx)Fx 不存在"可以翻译为"－∃y∀x(Fx↔x＝y)"。

再来考察第一种语境。这里我们碰到前面讨论条件句真值条件类似的一个情况。在日常语言中，我们只关心条件句的后件在前件为真的情况下是不是为真，而不关心整个条件句的真假。同样地，在日常语言中，我们只会关心"G(ɿx)Fx"在(ɿx)Fx 确实存在的情况下的真假。但由于那个当今的法国国王并不存在，所以，如果你问一个人他是不是秃子，被问者会感到无语的。就像我们为了逻辑理论的简单性，而人为制定了条件句的真值条件一样，我们现在也可以为了同一个目的，而人为地对"G(ɿx)Fx"在(ɿx)Fx 不存在的情况下的真值作出规定。我们规定在这种情况下"G(ɿx)Fx"是假的。因此"当今法国国王是秃子""孙悟空是猴子"都是假的（但要注意要把"孙悟空是猴子"和"根据西游记的故事，孙悟空是猴子"区别开来，后者我们一向都认为是真的）。有了这个规定后，我们就可以把"G(ɿx)Fx"翻译为"∃y∀x[Gy·(Fx↔x＝y)]"。证明：如果(ɿx)Fx 不存在，那么根据我们的约定，"G(ɿx)Fx"是假的；另一方面，如果(ɿx)Fx 不存在，那么"∃y∀x(Fx↔x＝y)"就是假的，所以蕴涵它的"∃y∀x[Gy·(Fx↔x＝y)]"也是假的。如果(ɿx)Fx 存在，那么"G(ɿx)Fx"的真假取决于(ɿx)Fx 是不是 G；另一方面，如果(ɿx)Fx 存在，那么摹状条件"∀x(Fx↔x＝y)"是可以得到满足的，从而"∃y∀x[Gy·(Fx↔x＝y)]"的真假取决于满足"∀x(Fx↔x＝y)"的那个对象，也即(ɿx)Fx，是不是 G。因此，"G(ɿx)Fx"和"∃y∀x[Gy·(Fx↔x＝y)]"在(ɿx)Fx 存在的情况下，同样有着相同的真值。

这就是罗素和奎因的单独词项解释方案：任何含有单独词项的语句都可以解释为不再含有单独词项，而仅含有谓词的语句。注意这一方案和传统逻辑把单独词项等同于谓词的做法是不一样的。以"苏格拉底是人"为例。罗素和奎因并不认为其中的"苏格拉底"可以改写为谓词"等于苏格拉底的东西"，从而整个语句可以被改写为"任何等于苏格拉底的东西是人"。根据他们的方案，"苏格拉底是人"被改写成的语句是"∃y∀x[y 是人·(x＝苏格拉底↔x＝y)]"（Fx：x＝苏格拉底，Gx：x 是人），其中你找不到任何一部分恰好就是名字"苏格拉底"或它所对应的摹状词

"(ɿx)（x＝苏格拉底）"①。罗素和奎因对单独词项的解释是一种语境解释。

这一解释方案的价值主要是理论上的。我们前面说过，谓词逻辑中的一个重要任务是将所有语句都改造成"有些对象是如此这般的 x 以致…x…"或"所有对象是如此这般的 x 以致…x…"这样的句型。上述解释方案使这一任务向前迈进了大大的一步，因为它使谓述句被改造成了存在量化句。这一解释方案还可以帮助我们更深刻地理解前面讲到的把单独词项处理成自由变项字母这一做法的合理性。前面我们曾经说过，将"所有人都会死·y 是人→y 会死"可以运用于苏格拉底，其前提是我们的论域中要包括苏格拉底这一对象。现在我们看到，这一前提不应理解为已有前提之外的前提，它就隐含在已有前提"苏格拉底是人"之中；因为根据我们刚刚的分析，"苏格拉底是人"是蕴涵"苏格拉底存在"的。这一解释方案甚至能帮助我们理解传统逻辑中对关于苏格拉底的那个推理的处理。它将"苏格拉底"与谓词"等于苏格拉底的东西"相混淆，这是不能接受的。但这一混淆导致的结果，即将"苏格拉底是人"解释成"所有等于苏格拉底的东西是人"，却不无道理。虽然我们的解释"∃y∀x[y是人·（x＝苏格拉底↔x＝y）]"并不与"所有等于苏格拉底的东西是人"（"∀x（x＝苏格拉底→x 是人）"）相等价，却是蕴涵这一点的。因此运用我们的解释，同样可以推导出"所有等于苏格拉底的东西会死"，而这在传统的解释中就是"苏格拉底会死"。

但在操作层面，我们的解释方案并没有什么用处。以那个关于苏格拉底的推理来说，现在我们可以直接写出前提和结论的逻辑结构，再表明这一逻辑结构是有效的，从而原推理，作为这一逻辑结构的具体实例，也是有效的：

前提一：所有人都会死。

前提二：苏格拉底是人。

结论：苏格拉底会死。

将其中与论证有关的单独词项"苏格拉底"改写成摹状词："(ɿx)（x＝苏格拉底）"

前提一：所有人都会死。

前提二：(ɿx)（x＝苏格拉底）是人。

结论：(ɿx)（x＝苏格拉底）会死。

令：Fx：x 是人，Gx：x 会死，Hx：x＝苏格拉底

前提一：∀x（Fx→Gx）

前提二：∃y∀x[Fy·（Hx↔x＝y）]

结论：∃y∀x[Gy·（Hx↔x＝y）]

肯定前提并否定结论：

(1) ∀x（Fx→Gx）

(2) ∃y∀x[Fy·（Hx↔x＝y）]

---

① 读者可能感到困惑：罗素和奎因对"苏格拉底是人"的解释"∃y∀x[y是人·（x＝苏格拉底↔x＝y）]"中明明出现了"苏格拉底"，怎么可以说在其中找不到"苏格拉底"呢？注意前面说过，谓词"＝苏格拉底"在逻辑上是比名字"苏格拉底"更基本的。这个谓词应该被理解成一个不可分割的整体，而不能被理解为二位谓词"＝"和名字"苏格拉底"的复合物；恰恰相反，名字"苏格拉底"是用谓词"＝苏格拉底"来定义的，先被定义为"(ɿx)x＝苏格拉底"，再接受进一步的语境定义。

(3) $-\exists y\forall x[Gy\cdot(Hx\leftrightarrow x=y)]$

对(3)进行前置化处理：

(4) $\forall y\exists x-[Gy\cdot(Hx\leftrightarrow x=y)]$

以下就是对(1)(2)(4)进行例化处理：

(5) $\forall x[Fz\cdot(Hx\leftrightarrow x=z)]$…(2)，*存在例化*

(6) $\exists x-[Gz\cdot(Hx\leftrightarrow x=z)]$…(4)，*全称例化*

(7) $-[Gz\cdot(Hu\leftrightarrow u=z)]$…(6)，*存在例化*

(8) $Fz\cdot(Hu\leftrightarrow u=z)$…(5)，*全称例化*

(9) $Fz\rightarrow Gz$…(1)，*全称例化*

不难看出，(7)(8)和(9)这三者的合取是矛盾的。

我想读者已经看出来了，单独词项解释方案，在用于推理时，远不如将单独词项直接处理成自由变项来得方便。当然，如果推理中涉及的单独词项是摹状词的话，我们除了可以将它直接处理成一个自由变项外，有必要的话还可以诉诸一两个摹状前提。单独词项解释方案对实际操作的价值在于，它为后者提供了理论支撑。在上面这个实例中，实用操作中一开始就出现的自由变项，以及用这个自由变项所表达的两个摹状前提，都产生于对(2)的存在例化。

关于涉及单独词项的推理，以及对单独词项的语境解释就讲这么多。接下来我们要来谈谈一个特殊的谓词，即表示等同关系的二位谓词"="。它出现在我们前面的摹状前提"$\forall x(Fx\leftrightarrow x=y)$"中，用来说明摹状词指称的唯一性。当然它不只出现在这里，我们随处都可以看到它的身影，特别是在数学中。支配这个词的用法的是下面两个公理：

(I) $x=x$

(II) $(Fx\cdot x=y)\rightarrow Fy$

以及它们的全称闭合式：

(I-1) $\forall x(x=x)$

(II-2) $\forall x\forall y[(Fx\cdot x=y)\rightarrow Fy]$

(I-1)就是大名鼎鼎的同一律：任何对象都等于它自己。(II-2)也是不言而喻的：如果两个对象相等而且其中一个对象是F，那么另一个对象也是F。通俗地说就是：相等的对象具有相同的性质。

同一律虽然是自明的，但长期以来却流传着一些关于它的困惑。其中一个困惑来自英国哲学家休谟："任何对象"和"它自己"显然是两个不同的表达式，如何能用"="联结它们呢？导致这一困惑的是一种混淆，和前面导致罗素将"→"读成"蕴涵"是同样的混淆：在使用一个表达式和提到这个表达式两者之间的混淆。同一律只是使用了这两个表达式，但却并没有提到这两个表达式，它并不是关于这两个表达式的陈述。它所表达的不是"任何对象"等于"它自己"，尽管它确实可以分别运用于这两个表达式："任何对象"等于"任何对象"，"它自己"等于"它自己"。

第二个困惑来自德国哲学家黑格尔。据他讲，"遵照这种自命的规律所说来的话（行星是行星，磁力是磁力，精神是精神），只配称为蠢话。"要是我们这些遵守同一律的人不想只说这些自明的蠢话呢？那就只能陷入自相矛盾。因为据他讲，"同一律断言A只能是A，而不能是B；同样地，B只能是B，而不能是A"。这其实已不是什么困惑了，而完全是在攻击和蔑视同一律了：你们这些死守同一律的蠢人啊，只配把"A＝A"这样的蠢话挂在嘴边，连一句"A＝B"（"A"和"B"是不同的两个词)这样的话都没有资格讲,否则就是在自打嘴巴。

我们承认,运用同一律所得的例子,包括黑格尔在括号内提到的那些例子,确实因为自明而不值一提,称之为蠢话亦不为过。但当他进而声称只要有人断言了形如"x = y"(比如"鲁迅 = 周树人")这样的语句,他就违背了同一律,这就是在胡说了。同一律只禁止像"鲁迅≠鲁迅"这样的与同一律相矛盾的语句,而不会禁止像"鲁迅 = 周树人"或"鲁迅 = 周作人"这样的语句。这里的情况和加法交换律的情况是一样的:遵守加法交换律并不意味着人们只能说"2 + 3 = 3 + 2",而不能说"2 + 3 = 1 + 4"或"2 + 3 = 6",它所真正禁止的是"2 + 3≠3 + 2"这样的说法。

第三个困惑最早来自古希腊哲学家赫拉克里特。他注意到任何一条河流的水体是在不断变化的,因此得出人不能两次踏进同一条河流的结论。这个结论明显与我们的常识相悖,但似乎又是有道理的。如果我们不想放弃我们的常识,我们就得回答:既然长江之水在不断变化,为何我们还可以说昨天和今天见到的是同一条长江呢? 其实造成这一困惑的不是等同这个概念,而是事物这个概念。我们都知道,具体事物是由不同的空间部分所构成的,这被称为事物的广延性。但我们通常容易忽略的是,它也同时是由不同的时间部分构成的,即事物在具有空间上的广延性的同时,也具有时间上的绵延性。一旦注意到事物具有时间上的绵延性这一事实,上面的困惑就迎刃而解了。我们可以承认我们昨天看到的长江时间段和今天看到的长江时间段确实是不同的事物,就像我们可以承认我们在武汉看到的长江空间段和在南京看到的长江空间段确实是不同的事物一样,但无论是上面的两个不同的长江空间段,还是两个不同的长江时间段,都是同一条长江的一部分。无论是长江本身,还是长江的某一个空间段或时间段,它们都等于它们自己,这里没有什么对同一律的违背。

讲完哲学后,我们回到对等同关系的逻辑处理上来。哥德尔在证明谓词逻辑证明系统的完全性的过程中,同时证明了上面关于等同关系的公理也具有完全性,即涉及等同关系的有效模式或有效语句,都可以从这些公理中得到证明。因此,虽然逻辑模式中并不包含具体的谓词(取而代之的是谓词模式字母"F""G"等等),但将表示等同关系的谓词"＝"包括进来,应该是自然的、无可厚非的。在这方面,这个二位谓词与另一个集合论中表示元素对集合的属于关系的二位谓词"∈"形成鲜明的对照。弗雷格、怀特海、罗素等人成功地表明,所有数学概念都可以用我们在这本书里所讲到的那些逻辑概念,加上这个元素属于关系,加以定义。所以当他们声称他们把数学还原成了逻辑时,显然是将"∈"这个二位谓词算做逻辑词汇的。

但对这一认定,学界是有争议的。

第一,集合论证明系统并不具有包含或不包含等同谓词的基本逻辑证明系统所具有的完全性,这一点我们在上一章中曾谈到过。

第二,集合论证明系统并不能像包含或不包含等同谓词的基本逻辑证明系统那样免于悖论的困扰。第一个悖论是由罗素发现的,并因此以他的名字加以命名。人们曾经想当然地认为,任何元素条件(由大家在高中数学中熟悉的描述法给出)所对应的集合都是存在的,并将这一点当作集合论的公理。但罗素举出一个反例,从而证伪了这个所谓的公理。这个构成反例的元素条件是:不属于自身。罗素指出该条件所对应的集合{x:x∉x}是不存在的,即:－∃y∀x(x∉x ↔ x∈y)(翻译:不存在以不属于自身的集合为元素的集合)。这甚至是一条逻辑真理,证明留给读者完成。它之所以被称为悖论,是因为它是与上面所说的所谓公理相矛盾的。当然,关于"∈"到底应不应算做逻辑词汇,这一争论主要是一种言辞之争,人们应该有选择术语的自由。但不论集合论能不能算做逻辑,我们都应记住:仅包括真值函项理论、量化理论和等同关系理论的狭义逻辑,与在此基础上还包括集合论的广义逻辑,是有着深刻的区别的。

最后,我们来解两道题,其中会用到我们这一章刚刚介绍的关于单独词项和等同关系的知识。

第一道题:让我们来证明上面的两个摹状前提是与合并的摹状前提相等价的。因为等价关系就是双蕴涵关系,所以,我们的证明过程分为两个部分。首先,我们证明"Fy·∀x(Fx→x=y)"蕴涵"∀x(Fx↔x=y)",方法是从"Fy·∀x(Fx→x=y)"和"−∀x(Fx↔x=y)"推导出矛盾:

(10) Fy·∀x(Fx→x=y)

(11) −∀x(Fx↔x=y)

前置化:

(12) ∀x(Fy·Fx→x=y)

(13) ∃x−(Fx↔x=y)

例化:

(14) −(Fz↔z=y)···(13),存在例化

(15) Fy·(Fz→z=y)···(12),全称例化

(16) (Fy·z=y)→Fz···等同公理(可以将此款视为推理前提之一)

这三者是不一致的。真值分析过程:令:p:Fy,q:Fz,r:z=y

$$-(q\leftrightarrow r)p(q\to r)(pr\to q)$$

$$-(q\leftrightarrow r)T(q\to r)(Tr\to q) \qquad -(q\leftrightarrow r)F(q\to r)(Fr\to q)$$

$$-(q\leftrightarrow r)(q\to r)(r\to q) \qquad\qquad\qquad F$$

$$-(q\leftrightarrow r)(q\leftrightarrow r)···简化$$

$$F$$

再来证明"∀x(Fx↔x=y)"蕴涵"Fy·∀x(Fx→x=y)",方法是从"∀x(Fx↔x=y)"和"−[Fy·∀x(Fx→x=y)]"推导出矛盾。

(17) ∀x(Fx↔x=y)

(18) −[Fy·∀x(Fx→x=y)]

对(18)进行前置化处理:

(19) ∃x−[Fy·(Fx→x=y)]

对(17)、(19)进行例化处理:

(20) −[Fy·(Fz→z=y)]···(19),存在例化

(21) Fz↔z=y ···(17),全称例化

(22) Fy↔y=y ···(17),全称例化

(23) y=y ···(17),等同公理

(24) (Fy·z=y)→Fz···等同公理

这五者是不一致的。真值分析过程:令:p:Fy,q:Fz,r:z=y,s:y=y

$$-[p(q{\rightarrow}r)](q{\leftrightarrow}r)(p{\leftrightarrow}s)s(pr{\rightarrow}q)$$

$$-[T(q{\rightarrow}r)](q{\leftrightarrow}r)(T{\leftrightarrow}s)s(Tr{\rightarrow}q) \qquad -[F(q{\rightarrow}r)](q{\leftrightarrow}r)(F{\leftrightarrow}s)s(Fr{\rightarrow}q)$$

$$-(q{\rightarrow}r)(q{\leftrightarrow}r)ss(r{\rightarrow}q) \qquad T(q{\leftrightarrow}r)\overline{s}\,s(Fr{\rightarrow}q)$$

$$-(q{\rightarrow}r)(q{\rightarrow}r)(r{\rightarrow}q)ss(r{\rightarrow}q) \qquad F$$

$$F$$

第二道题：让我们来证明下面的推理是有效的：

前提：那位去过安道尔的地理学家只去过欧洲。

结论：安道尔在欧洲。

这个推理涉及两个单独词项："那位去过安道尔的地理学家"[①]和"安道尔"，让我们分别用自由变项字母"u"和"w"来表示。"欧洲"当然也是一个单独词项，所以只要我们愿意，也可以用一个自由变项字母来代表它。但根据肤浅分析原则，这样做在这里是没有必要的，因为与"安道尔"不一样，它实际上始终是与方位介词"在"或"位于"绑定在一起的。将前提改写成"那位去过安道尔的地理学家去过的所有地方都在欧洲"，这一点就非常清楚了。

前提：∀x（u 去过 x→x 在欧洲）

摹状前提：u 去过 w

结论：w 在欧洲

令：Fx：x 在欧洲，Gxy：x 去过 y。

前提：∀x（Gux→Fx）

摹状前提：Guw

结论：Fw

以前提的合取为前件、结论为后件的条件模式是：

(25)[∀x（Gux→Fx）• Guw]→Fw

前置化：

(26)∃x{[（Gux→Fx）• Guw]→Fw}

用"w"替换基体模式中的"x"，得：

(27)[（Guw→Fw）• Guw]→Fw

用真值检验法很快就能得出该模式是有效的这一结论。

以上用的是纯存在式方法。当然我们也可以用奎因方法来证明这个推理的有效性，此处从略。

---

① 这显然是一个摹状条件没有说全的摹状词。因为既去过安道尔又是地理学家的人太多了，所以这两个条件并不足以确定正在谈论的这个对象是谁，通常情况下，具体的语境会提供足以确定对象的额外线索。但同样显然的是，这些额外的线索对于我们现在这个论证是无关的，甚至已给的两个条件中的一个（"地理学家"）也是无关的。

复习思考题十七

1.证明罗素悖论"－∃y∀x（x∉x ↔ x∈y）"（"不存在以不属于自身的集合为元素的集合"）是逻辑真理。

2.证明下面的推理是有效推理。

（1）前提一:偶数的平方是偶数。

前提二:6 是偶数。

结论:6 的平方是偶数。

（2）前提:镭的发现者也发现了钋。

结论:有人发现了镭和钋。

附录一　奎因论现代逻辑(英汉对照)^①

"*Non sequitur*," protested Tweedledum. "*De contrario*," countered Tweedledee, "*sequitissimur*!" His Latin, for all its faultiness, was not unimaginative. At any rate their logical bone of contention, whatever it may have been, would no doubt have crumbled in short order if they had had modern predicate logic at their disposal. Predicate logic markedly expedites the business of settling what follows from what and what does not.

"推不出来啊!"("*Non sequitur*")叮当兄抗议道。"反过来就推出来了!"("*De contrario, sequitissimur*")叮当弟抬杠说。^② 尽管叮当弟的拉丁语有误,但并非没有想象力。但是,如果他们掌握了现代谓词逻辑,他们便能看出,他们的争论(不论所争的具体内容是什么)将由于不合逻辑而在瞬间崩溃。^③ 谓词逻辑可以用来高效地解决从某个前提能否推出某个结论这样的问题。

What follows from what is largely a question of the patterns formed within a text by various grammatical connectives and operators, and of the patterns in which the verbs, nouns, adjectives, and pronouns recur and interweave. Predicate logic abstracts those patterns from the embedding texts by substituting neutral letters "F""G", and so on for the predicates-that is, for the verbs, nouns, and adjectives that bear all the burden of subject matter. Just one of the predicates is retained intact, namely, the two-place predicate " = " of identity, as a distinctively logical predicate.

从某个语句中能否推出某个语句,这大体上是一个关于模式的问题。这里的模式是从具体语句中提取出来的。具体语句中的语法联结词和算子在模式中被保留下来。具体语句中体现题材的谓词(也就是动词、普通名词和形容词)在模式中则被替换为"F""G"等中性的模式字母,只有表示等同关系的二位谓词" = ",作为一个独特的逻辑谓词,在模式中被保留下来。

Pronouns are likewise retained as part of the abstracted pattern, for pronouns carry no subject matter beyond what would have been thrust upon them by the predicates that have gone by the board. The pronoun contributes rather to structure. It serves to mark different positions where some one and the same object is referred to, unspecified though the object now is.

代词在模式中也得到保留。代词所携带的题材都来自谓词,而谓词在模式中已被模式字母所取代。代词自己只有结构上的贡献,用以标示模式中的不同位置,每个位置都指向某个唯一的

---

① 由本书作者译自 W. V. Quine, "Predicate Logic" in *Quiddities*: *An Intermittently Philosophical Dictionaries*(《一本不拘泥于分类学标准的哲学辞典》:"谓词逻辑"), *pp*. 156－159. The Belknap Press of Harvard University Press: Cambridge, Massachusetts, 1987.

② 作者这里是在模仿童话《爱丽丝漫游奇境》中爱抬杠的兄弟俩的对话。——译者注

③ 不能因为一个语句推不出某个结论,就据此说其否定句就能推出这个结论。比如,无论是从"雪是白的",还是从其否定句"雪不是白的"出发,都推不出"2＋2＝4"这个结论。——译者注

未具体指定的对象。

In symbolic logic, these pronouns are rendered as varibales, and serve for referring back to a quantifier: perhaps to "$\exists x$", "there is something x such that", or to "$\forall x$", 'everything x is such that'.

在符号逻辑中,这些代词被称为变项,用"x""y"等字母来表示。它们可以往回指向量词:可以是全称量词"∀x"(每个事物是如此这般的 x 以致),也可以是存在量词"∃x"(有些事物是如此这般的 x 以致)。

Other structural members that are left standing after the dismantling of subject matter are the sentence connectives "and" and "or" and a sign for negation, as most of my readers know from a first course in logic. The grammar of the resulting predicate logic is familiar to them and readily stated. Its atomic formulas consist each of a predicate letter with one or more variables appended as subject or complement-thus "Fx""Gxy". These atomic formulas are compounded without limit by "and""or""not" and the quantifiers.

拆除题材之后留下的结构性部件,除了变项和量词之外,还有语句联结词"而且"和"或者",以及表示否定的"并非",所有这些,大家在初级逻辑中已经知道了。谓词逻辑的最终语法也是众所周知的,而且陈述出来也很容易。它的原子模式中的每一个都包含一个谓词字母,再在后面附上一个或多个变项作为它的主词,比如"Fx""Gxy"。这些原子模式通过"而且""或者""并非"和量词,可以形成无止境的复合模式。

Paraphrasing and trimming, we can coax vast reaches of language into this skimpy structure. A celebrated example of paraphrase is that of "if p then q" into "not (p and not q)" which is faithful enough for most purposes. Our identity predicate " = " comes to the fore in paraphrasing "else""except" and the singular "the". A complex segment of discourse may, on the other hand, be swept into the framework of predicate logic as a seamless whole and be treated as atomic when its internal structure offers nothing to the logical argument in hand.

通过改写和整理,我们可以将大量的语言现象纳入到上述吝啬的结构中。改写的一个著名例子是将"如果 p 那么 q"解释为"并非(p 而且并非 q)",在大多数情况下,这都是一种充分忠实的改写。等同谓词"="可用来解释"其他的""除非"和单数的定冠词("the")。另外,一段话语中的一个复杂部分,只要其内部结构对正在处理的逻辑论证没有影响,就可以一古脑儿地作为一个无结构的整体而纳入到谓词逻辑的框架中。①

Nouns, verbs, and adjectives are represented indiscriminately: "Fx" might stand for "x is a dog""x is fierce" or "x bites". Verbs are treated as tenseless. Proper names and other singular terms can be taken in stride, as explained under the latter heading. Adverbs can be insinuated into the scheme, Donald Davidson has shown, by converting them to nouns or adjectives that denote events. Prepositions, on the other hand, are logically unproductive and can be left out of sight as fragments of unanalyzed predicates. Thus "Fxyzw" might stand for "x sold y to z for w".

---

① 比如,从"苏格拉底是哲学家而且柏拉图也是哲学家"可以推出"柏拉图是哲学家",但由于其中的语句"苏格拉底是哲学家"和"柏拉图是哲学家"的内部结构并不影响上述推理的有效性,因此,在对这一推理做形式化说明时,可以忽略其内部结构,而简单地分别用一个语句模式字母"p"和"q"来表示。——译者注

普通名词、动词和形容词被不加区别地处理为谓词："Fx"可以表示"x 是狗"，也可以表示"x 是凶猛的"，还可以表示"x 会咬人"。动词可以处理为无时态的表达式。专有名词和其他单独词项可以从容地被解释掉。唐纳德·戴维森指出，副词也可巧妙地纳入到谓词逻辑的框架中，方法是将它们转化为指示事件的普通名词或形容词。另一方面，介词在逻辑上并没有独立地位，可以处理为未分析的谓词的片段；比如，"Fxyzw"可以解释为"x 为了 w 而将 y 卖给 z"（"x sold y to z for w"）。

Much remains, however, that cannot be regimented to fit the structure of predicate logic. "Because" cannot, nor "necessarily", nor "possibly", nor the strong "if-then" of the contrary-to-fact conditional. There is no place for the idioms of propositional attitude："x believes that p""x regrets that p", and so on. There is no place for "shalt" and "shalt not", nor for questions.

但是，也存在很多无法被纳入到谓词逻辑框架中的语言现象。"因为"就无法纳入，"必然"和"可能"也无法纳入，反事实条件句中的"如果…那么…"也无法纳入。另外，命题态度习语（"x 相信 p""x 后悔 p"等等）、"应该"和"不应该"，还有问句，在谓词逻辑中都没有位置。

Despite such exclusions, all of austere science submits pliantly to the Procrustean bed of predicate logic. Regimentation to fit it thus serves not only to facilitate logical inference, but to attest to conceptual clarity. What does not fit retains a more tentative and provisional status.

但尽管有上述例外，所有的严格科学对这个谓词逻辑的框架都很顺从。把科学中的话语整合到这个框架中，不仅有助于逻辑推理，而且有助于澄清概念。拒绝这种整合的话语，只是科学发展过程中的暂时的和局部的现象。

Discourse fitted to predicate logic carries all its subject matter in its predicates. The rest is logical structure. The effect of the regimentation is to reduce grammatical structure to logical structure. One sentence logically implies another, in the regimented language, when their grammatical structures are such that no two sentences having those same structures are respectively true and false. Complete procedures have been in hand since 1879 (Frege) for proving logical implication in this sense, and their completeness has been known since 1930 (Gödel).

已经被谓词逻辑所整合的话语，其题材完全体现在其中的谓词上，谓词之外的一切都是逻辑结构。整合的作用就在于把语法结构化为逻辑结构。一个语句蕴涵另一个语句，如果任何两个依次具有这两个语句的逻辑结构的语句，都不会出现第一个为真而第二个为假的情况。弗雷格早在 1879 年就发现了据以证明上述意义上的逻辑蕴涵的方法；而哥德尔则在 1930 年向人们指出这个方法具有完全性，即只要两个语句具有逻辑蕴涵关系，就可以用这种方法加以证明。

These considerations make for a neat demarcation of logic from the rest of science, but the demarcation need not be insisted on. It is customary to reckon the business of logic as exceeding grammatical structure to the extent of claiming also one of the predicates, as we saw, namely " = ". Less defensibly, some imperialistic logicians claim set theory as well, thus reckoning the predicate " ∈ " as logical where "x ∈ y" means that x is a member of y. In either case the grammar stays the same; it is just a terminological question of whether to classify certain of the predicates, perhaps " = " or perhaps " = " and " ∈ ", as logical along with the grammatical structure.

这样一来，我们便在逻辑和科学的其他部分之间划了一条整齐的界线：逻辑只管语法结构，科学的其他部分则向语法结构中填充血肉。但逻辑却不必拘泥于这条界线。有一个谓词,即前面提到过的表示等同关系的谓词"=",人们习惯上也将它视为逻辑谓词。比较难于辩护的是有些霸气的逻辑学家的做法:他们将逻辑扩张到了集合论,主张谓词"∈"("$x∈y$"的意思是 x 属于 y,或 x 是 y 的元素)也是一个逻辑谓词。但无论是哪一种情况,语法还是一样的。这只是一个术语问题,即要不要在语法结构之外,将某些谓词(也许是"=",也许是"="和"∈")也算做逻辑谓词。

But the name of logic is commonly extended also beyond what can be fitted within the grammatical structure of predicate logic at all. We encounter a logic of necessity and possibility, a logic of questions, of "shalt" and "shalt not", of propositional attitudes, and of strong conditionals. Insofar as the grammar of predicate logic is in principle adequate as a vehicle of austere scientific theory, these ulterior endeavors have no part to play in our theoretical system of the world. They can serve still as clarification of various other aspects of ordinary language.

但人们以逻辑的名义所做的扩展,常常会超出谓词逻辑的语法结构所能容纳的范围。于是,我们碰到了关于必然性和可能性的逻辑,关于问题的逻辑,关于"应该"和"不应该"的逻辑,关于命题态度的逻辑,关于强条件句的逻辑。只要谓词逻辑的语法在原则上足以成为严格的科学理论的载体,这些旁门左道在我们关于世界的理论体系中就不会有用武之地。当然,它们可以用来澄清日常语言的诸多其他方面。

附录二　复习思考题参考答案

第一章　有效推理和矛盾

1. 什么是有效推理？

答：一个推理是有效的，当且仅当，肯定其前提而否定其结论会导致矛盾。

2. 关于有效推理，下面这个关于苏格拉底的三段论是一个屡屡被举的例子。请对这个例子的有效性作出说明。

前提一：所有人都会死。

前提二：苏格拉底是人。

结论：苏格拉底会死。

答：如果我们肯定前提并否定结论，就得到：所有人都会死，而且苏格拉底是人，而且苏格拉底不会死。苏格拉底是人但却不会死，这显然是与所有人都会死相矛盾的。

3. 如何利用有效推理或蕴涵关系调整我们的信念？

答：如果我们相信一个语句是真的，就要相信这个语句所蕴涵的语句也是真的；反之，如果我们相信一个语句是假的，就要相信蕴涵这个语句的语句也是假的。

第二章　矛盾句和矛盾模式、逻辑结构的层次性

1. 什么是语句模式？举例说明。

答：语句模式是由逻辑词汇和模式字母所组建而成的代句式，旨在刻画语句的逻辑结构。例如，"p 而且 q"就是一个逻辑模式，所有用"而且"联结分句而形成的复合句都有这样的结构，它们都是该模式的例句。

2. 什么是矛盾模式？它和矛盾句的关系是怎样的？请举例说明。

答：矛盾模式指所有例句都为假的模式。矛盾模式的例句就是矛盾句。"p 而且并非 p"是最简单的矛盾模式，它的例句有"中国在亚洲而且并非中国在亚洲""所有人都会死而且并非所有人都会死"等等。

3. 请分析矛盾句"中国是亚洲国家，而且中国不是亚洲国家"在语句层面上所从属的所有模式，这些模式都是矛盾模式吗？（令：p：中国是亚洲国家，而且中国不是亚洲国家。q：中国是亚洲国家。r：中国不是亚洲国家。）

答：它从属的模式可以是单个的语句字母"p"。也可以"q 而且 r"，还可以是"q 而且并非 q"。在以上该语句所从属的三个模式中，只有最后一个是矛盾模式。

第三章 真值函项联结词和真值函项模式

1. 请说出"并非"句、"而且"句、"或者"句、"如果"句和"当且仅当"句的真值条件,并说说这些语句联结词是真值函项联结词是什么意思。

答:"并非"句(否定句)的真值与成分句的真值正好相反。"而且"句(合取句或联言句)在两个成分句都为真时为真,否则为假。"或者"句(析取句或选言句)在两个成分句都为假时为假,否则为真。"如果"句(条件句)在前件为真后件为假时为假,否则为真。"当且仅当"句(双条件句)在两个成分句真值相同时为真,否则为假。这些联结词之所以被称为真值函项联结词,是因为由它们所联结而成的复合句,其真值完全取决于成分句的真值,换言之,复合句的真值是成分句的真值的函数。

2. 我们在本章中提到过一个真值函项联结词:既非…也非…(专门记号是"↓")。显然,"$p ↓ q$"就是"$\bar{p}\bar{q}$"。逻辑学家发现所有真值函项联结词都可以用"↓"来加以定义。比如,"$\bar{p}$"可以定义为"$p ↓ p$"。请用"↓"给出除"–"以外的其他四个基本联结词的定义。

答:"pq"就是"$\bar{\bar{p}}\,\bar{\bar{q}}$",因此也就是"$\bar{p} ↓ \bar{q}$",去除其中的否定号:"$(p ↓ p) ↓ (q ↓ q)$"。

"$p \lor q$"就是"$–(\bar{p}\bar{q})$",因此也就是"$–(p ↓ q)$",去除否定号:"$(p ↓ q) ↓ (p ↓ q)$"。

"$p → q$"就是"$–(p\bar{q})$",即"$–(\bar{\bar{p}}\,q)$",即"$–(\bar{p} ↓ q)$",即"$[(p ↓ p) ↓ q] ↓ [(p ↓ p) ↓ q]$"。

"$p ↔ q$"就是"$–(p\bar{q}) – (\bar{p}q)$",即"$p\bar{q} ↓ \bar{p}q$",即"$[(p ↓ p) ↓ q] ↓ [p ↓ (q ↓ q)]$"。

3. 语句"中国在亚洲,而且法国在欧洲,或者新西兰在大洋洲"是有歧义的,可以有两种不同的理解。请将它改写为两个没有歧义的不同语句,并写出它们作为其匹配例句的一对能反映它们之间区别的模式。(提示:上述语句的歧义性的根源在于看不出它到底是一个"而且"句还是一个"或者"句。)

答:此句既可以理解为"而且"句:中国在亚洲,而且,或者法国在欧洲或者新西兰在大洋洲。也可以理解为"或者"句:或者中国在亚洲而且法国在欧洲,或者新西兰在大洋洲。与以上两种不同理解相匹配的一组模式是"$p(q \lor r)$"和"$pq \lor r$"(p:中国在亚洲,q:法国在欧洲,r:新西兰在大洋洲)。

第四章 真值函项模式矛盾性和有效性的检验:真值分析法

1. 分别使用真值分析法和真值表方法检验下面的模式的有效性。除此之外,你还能想到别的比较省力的方法吗?

$$(p ↔ q) \lor (q ↔ r) \lor (p ↔ r)$$

(提示:该模式中各个字母的地位是对称的。)

答:真值分析法:

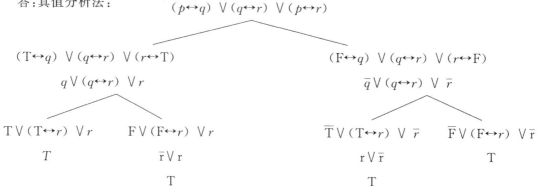

真值表方法:这意味着要考察"p""q"和"r"的 8 种真值配置情况:(1)TTT,(2)TTF,(3)TFT,(4)TFF,(5)FTT,(6)FTF,(7)FFT,(8)FFF。

(1) (T↔T) ∨ (T↔T) ∨ (T↔T)

T ∨ T ∨ T

T

(2)(T↔T) ∨ (T↔F) ∨ (F↔T)

T ∨ F ∨ F

T

(3)(T↔F) ∨ (F↔T) ∨ (T↔T)

F ∨ F ∨ T

T

(4)(T↔F) ∨ (F↔F) ∨ (F↔T)

F ∨ T ∨ F

T

(5)(F↔T) ∨ (T↔T) ∨ (T↔F)

F ∨ T ∨ F

T

(6)(F↔T) ∨ (T↔F) ∨ (F↔F)

F ∨ F ∨ T

T

(7)(F↔F) ∨ (F↔T) ∨ (T↔F)

T ∨ F ∨ F

T

(8)(F↔F) ∨ (F↔F) ∨ (F↔F)

T ∨ T ∨ T

T

由于该模式中各个字母的地位是对称的,所以我们只需考虑这三个字母的四种组合情况:全真、两真一假、一真两假、全假。比如,我们可以选择上面的(1)(2)(3)和(8)这四种情况。只要在这四种情况下的分析结果都为真,就可以断定该模式是有效模式。这样比起常规的真值表方法,可以省一半劳力。

2.一致模式的否定式是不一致的吗? 无效模式的否定式是有效的吗?

答:一致模式可以分为两类:有效的一致模式和无效的一致模式。有效的一致模式的否定式是不一致或矛盾的;无效的一致模式,比如"p""pq",其否定式仍是一致的。

无效模式可以分为两类:一致的无效模式和矛盾的无效模式。矛盾的无效模式的否定式是有效的;一致的无效模式的否定式,其否定式仍是无效的。

有效/无效和一致/不一致这两个二分法,将全部模式分成了三类:有效一致模式、无效不一致模式和无效而一致的模式,但没有有效而不一致的模式。前两类模式是极端的模式,最后一类模式才是模式的常态。

3.一致模式的子模式是一致的吗？无效模式的子模式是无效的吗？

答：一致模式的子模式不一定是一致的。虽然"p"是一致的,但它的子模式"$p\bar{p}$"却是不一致的。无效模式的子模式也不一定是无效的。仍以"p"为例。虽然它是无效的,但它的子模式"$p \lor \bar{p}$"却是有效的。

第五章　真函有效推理的检验方法

检验下述推理的有效性,将本章介绍的两种方法都试一遍。

前提:(1)如果小芳每天做大量的补充习题,那么她的课业成绩将会有明显的提高。

(2)如果小芳每天做大量的补充习题,那么她对课业的兴趣将会下降。

结论:如果小芳每天做大量的补充习题,那么她的课业成绩将会有明显的提高,但她对课业的兴趣将会下降。

(提示:只需表明肯定前提和否定结论所得到的复合句是个矛盾句,这只需将这个复合句解释为某个矛盾模式的例句;或者,只需表明以前提的合取为前件,以结论为后件的条件句是个逻辑真,这只需将这个条件句解释为某个有效模式的例句。为了得到合要求的模式,只需令:p：小芳每天做大量的补充习题,q：小芳的课业成绩会有明显的提高,r：小芳对课业的兴趣下降了。)

答:方法一:第一步:肯定前提并否定结论:

(如果小芳每天做大量的补充习题,那么她的课业成绩将会有明显的提高)·(如果小芳每天做大量的补充习题,那么她对课业的兴趣将会下降)·－(如果小芳每天做大量的补充习题,那么她的课业成绩将会有明显的提高,但她对课业的兴趣将会下降)

第二步:分析该复合句所从属的真值函项模式。令:p：小芳每天做大量的补充习题,q：小芳的课业成绩会有明显的提高,r：小芳对课业的兴趣下降了。

$(p\to q)(p\to r)-(p\to qr)$

第三步:通过真值分析,表明此模式是不一致模式:

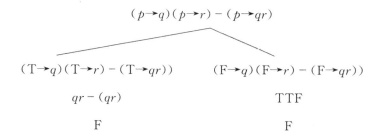

这表明,这确实是个不一致模式。

方法二:第一步:以前提的合取为前件,以结论为后件,得到条件句:

(如果小芳每天做大量的补充习题,那么她的课业成绩将会有明显的提高)·(如果小芳每天做大量的补充习题,那么她对课业的兴趣将会下降)→(如果小芳每天做大量的补充习题,那么她的课业成绩将会有明显的提高,但她对课业的兴趣将会下降)

第二步:分析该复合句所从属的真值函项模式。令:p：小芳每天做大量的补充习题,q：小芳的课业成绩会有明显的提高,r：小芳对课业的兴趣下降了。

$(p\to q)(p\to r)\to(p\to qr)$

第三步:通过真值分析,表明此模式是有效模式:

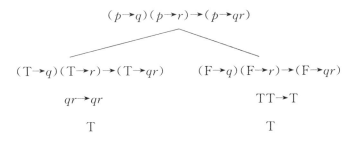

这表明,这确实是个有效模式。

第六章　模式间的蕴涵关系和等价关系

1.请用真值分析法检验下面两个模式间的等价性。(有余力者可以尝试用证明法来表明它们是等价的。)

$pq \lor qr \lor pr$,$(p \lor q)(q \lor r)(p \lor r)$

(提示:证明法中要反复运用合取对析取(或析取对合取)的分配律。因为等价关系就是双向蕴涵关系,所以在证明等价关系成立时,需要分别证明两个方向的蕴涵关系都成立,除非从证明的第二行开始,每一行都与上一行是等价的。)

答:方法一:真值分析法。只需检验这两个模式的双条件模式是有效的即可。

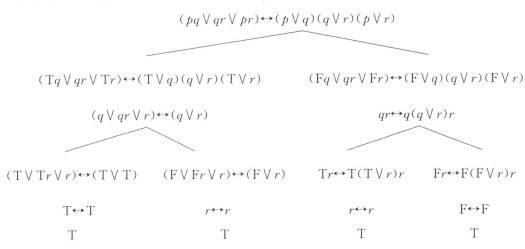

方法二:证明法。

$pq \lor qr \lor pr$

$(p \lor q)(p \lor r)(q \lor q)(q \lor r) \lor pr$ …合取对析取的分配律

$(p \lor q \lor p)(p \lor q \lor r)(p \lor r \lor p)(p \lor r \lor r)(q \lor q \lor p)(q \lor q \lor r)(q \lor r \lor p)(q \lor r \lor r)$ …同上

$(p \lor q)(q \lor r)(p \lor r)(p \lor q \lor r)$ …简化:去除重复的合取肢

$(p \lor q)(q \lor r)(p \lor r)$ …"p"和"$p(p \lor q)$"是等价的

以上每两步之间都是等价关系,所以第一行和最后一行是等价的。

2.我们在本章中说到,矛盾模式只能为矛盾模式所蕴涵,请证明这一点。不矛盾模式(即一致模式)是否也只能为不矛盾模式所蕴涵? 有效模式是否也只能为有效模式所蕴涵? 无效模式是否也只能为无效模式所蕴涵？为什么？

答：设 α 是矛盾模式，而且为 β 所蕴涵。显然"β→α"是有效模式。此模式的后件 α 是矛盾模式，所以在任何解释下都是假的。而"β→α"在任何解释下都是真的。所以 β 在任何解释下也是假的，从而是一个矛盾模式。不然将会得出要么"β→α"无效要么 α 不矛盾的结论。

一致模式并非只为一致模式所蕴涵，事实上它可以为任何不一致的模式所蕴涵；至于它是否为某个一致模式所蕴涵，则要具体问题具体分析。有效模式当然可以被有效模式所蕴涵，但并非只为有效模式所蕴涵，事实上它可以为任何模式所蕴涵。无效模式只能为无效模式所蕴涵，而不能为有效模式所蕴涵，因为有效模式只能蕴涵有效模式；至于它是否为某个无效模式所蕴涵，则要具体问题具体分析。

3. 将模式"$pq\leftrightarrow r$"分别转换为标准析取式和标准合取式。

答：先转化为标准合取式：

$pq\leftrightarrow r$

$-(pq\,\bar{r})-[-(pq)r]$

$(\bar{p}\vee\bar{q}\vee r)(pq\vee\bar{r})$

$(\bar{p}\vee\bar{q}\vee r)(p\vee\bar{r})(q\vee\bar{r})$

再转化为标准析取式：

$pq\leftrightarrow r$

$pqr\vee-(pq)\,\bar{r}$

$pqr\vee(\bar{p}\vee\bar{q})\,\bar{r}$

$pqr\vee\bar{p}\,\bar{r}\vee\bar{q}\,\bar{r}$

第八章 谓词和谓词字母

各写出 5 个一位谓词和二位谓词，尽量使它们的词性多样化。

答：一位谓词："…是罪犯""…是红的""…爱唱歌""…吃饭""…在国外"。

二位谓词："…等于…""…是…的立方根""…是…的朋友""…杀死…""…帮助…"。

第九章 谓词提取和变项

1. 从下列语句中提取出描述被指定的对象或对象有序组（附在语句后面括号内）的全息谓词。

(1)玛丽喜欢游泳。（玛丽）

(2)有人告发了张三。（张三）

(3)潘金莲毒杀了她的丈夫。（潘金莲）

(4)江苏位于中国的东部。（＜江苏,中国＞）

(5)25 是 5 的平方。（＜25,5＞）

答：(1){x：x 喜欢游泳}

(2){x：有人告发了 x}

(3){x：x 毒杀了 x 的丈夫}

(4){xy：x 位于 y 的东部}

(5){xy：x 是 y 的平方}

2.展开下面的语句,使其中的谓词提取具体化。

(1)中国是{x：x是世界上人口最多的国家}

(2){x：x白天在x的姐姐的第一任丈夫的公司里上班,晚上出席z的婚礼}y

答:(1)中国是世界上人口最多的国家。

(2)y白天在y的姐姐的第一任丈夫的公司里上班,晚上出席z的婚礼。

第十章　量词

将下列语句改写成以全称量词"所有东西是如此这般的x以致…"("$\forall$x")或存在量词"有些东西如此这般的x以致…"("$\exists$x")开头的语句:

(1)所有乌鸦都是黑的。(天下乌鸦一般黑。)

(2)所有人都不是完美的。(人无完人。)

(3)有些狗是温顺的。

(4)有些狗并不温顺。

(5)他是班上最高的学生。

(6)我不喜欢夸夸其谈的人。

(7)张三捡到一个钱包并还给了失主。

(8)如果我能坐火车去一个地方,我绝不坐飞机去。

(9)每个对象与自身等同。(同一律)

(10)每个对象与每个对象等同。

答:(1)$\forall$x(x是乌鸦→x是黑的)

(2)$\forall$x(x是人→－x是完美的)

(3)$\exists$x(x是狗·x是温顺的)

(4)$\exists$x(x是狗·－x是温顺的)

(5)$\forall$x(x是班上的学生·x≠他→他比x高)

(6)$\forall$x(x是夸夸其谈的人→－我喜欢x)

(7)$\exists$x(x是钱包·张三捡到了x·张三把x还给了x的主人)

(8)$\forall$x$\forall$y(x是地方·y是时刻·我能在y这个时刻坐火车去x这个地方→－我在y这个时刻坐飞机去x这个地方)

(9)$\forall$x(x＝x)

(10)$\forall$x$\forall$y(x＝y)。不要将它与同一律相混淆。同一律是真的,但它却是假的。

第十一章　量化模式及其有效性

1.写出下列语句所从属的量化模式,分别考虑论域不加限制和论域被限制为班上的学生这两种情形。

张三是班上最高的学生。

答:不加限制的论域:$\forall$x(Fx·－Gx→Hx)

　　　仅限于班上的学生的论域:$\forall$x(－Gx→Hx)

(Fx:x是班上的学生,Gx:x＝张三,Hx:张三比x高)

2. 我们知道"pq"和"qp"这两者是等价的,这就是合取交换律。但有人说合取交换律不是普遍有效的,比如上面两个模式的匹配例句"梁山伯和祝英台结婚并且生了孩子"和"梁山伯和祝英台生了孩子并结了婚"就不是等价的。你认为他的看法正确吗?你如何分析他给出的这对例句?

答:他的看法是错误的。他所给出的两个例句并不能视为这两个模式的匹配例句。这两个例句不是合取句,而是量化句,所以合取交换律根本无从应用。具体分析如下:

梁山伯和祝英台结婚并且生了孩子。

∃x∃y(x是时刻·y是时刻·梁山伯和祝英台于 x 这一时刻结婚·梁山伯和祝英台于 y 这一时刻生了孩子·x 先于 y)

梁山伯和祝英台生了孩子并结了婚。

∃x∃y(x是时刻·y是时刻·梁山伯和祝英台于 x 这一时刻生了孩子·梁山伯和祝英台于 y 这一时刻结婚·x 先于 y)

经过这样的分析就可以很清楚地看出,这两个语句所表达的意思是完全不一样的。

3. 用真值分析法检验下面第一个模式的有效性,完成第二个模式有效性分析的前期工作并指出后期工作的内容。

(1) $p \lor [-p \cdot (-Fzs \lor Fst) \cdot (Fts \lor Fsz)] \lor Fzs \lor -(Fts \lor Fsz)$

(提示:这里除了开头的两个外,其他原子模式都是附有变项的谓词字母"F",容易看错。为醒目起见,不妨选用除"p"之外的语句字母取代之。)

(2) $[p \to q \cdot \forall x(Fx \to Gx) \cdot [q \to \exists x(Fx \cdot (Gx \lor Hx))] \to [p \to \exists x(Hx \cdot -Gx)]$

答:(1)令 q:Fzs,r:Fst,s:Fts,t:Fsz

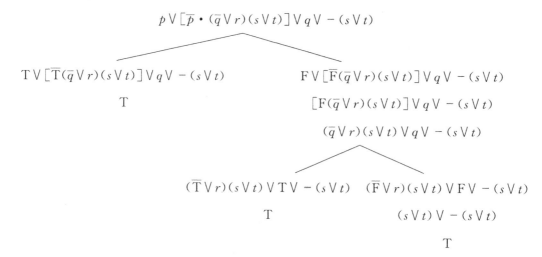

$$p \lor [\overline{p} \cdot (\overline{q} \lor r)(s \lor t)] \lor q \lor -(s \lor t)$$

不论该模式中的字母被代之以真语句还是假语句,所得结果一律是真语句。故这是一个有效模式。

(2)令：A：∀x(Fx→Gx)，B：∃x(Fx·(Gx∨Hx))，C：∃x(Hx·－Gx)

$$[p→q·∀x(Fx→Gx)]·[q→∃x(Fx·(Gx∨Hx))]→[p→∃x(Hx·－Gx)]$$

$$(p→qA)(q→B)→(p→C)$$

$$(T→qA)(q→B)→(T→C) \qquad (F→qA)(q→B)→(F→C)$$

$$qA(q→B)→C \qquad\qquad T$$

$$TA(T→B)→C \quad FA(F→B)→C$$

$$AB→C \qquad\qquad T$$

这说明，该模式在"p"真"q"真时等价于"AB→C"，其他情况下都是真的。因此要证明此模式是有效的，只需要证明"AB→C"，即"∀x(Fx→Gx)·∃x(Fx·(Gx∨Hx))→∃x(Hx·－Gx)"，是等价的即可。

第十二章 量化模式的替换规则

1. 写出模式"∀x(Fx→p)"经过下列替换后所形成的例句或模式。其中哪些结果是合格的？哪些是不合格的？对那些不合格的替换,如何通过改变约束变项字母使之合格？

(1)用"{z：梁山伯爱 z}"替换"F"，用"梁山伯爱 y"替换"p"。

(2)用"{zw：w 爱 z}"替换"F"，用"梁山伯爱 y"替换"p"。

(3)用"{z：x 爱 z}"替换"F"，用"梁山伯爱 y"替换"p"。

(4)用"{z：∀x(x 爱 z)}"替换"F"，用"梁山伯爱 x"替换"p"。

(5)用"{z：Gxz∨Gzx}"替换"F"，用"∃x(Fx→p)"替换"p"。

答：(1)∀x(Fx→p)

∀x({z：梁山伯爱 z}x→梁山伯爱 y)

∀x(梁山伯爱 x→梁山伯爱 y)

这个例句的意思是:如果梁山伯爱任何东西,那么梁山伯爱 y。

(2)∀x(Fx→p)

∀x({zw：w 爱 z}x→梁山伯爱 y)

无法进行具体化。替换 n 位原子模式的只能是 n 位谓词提取。

(3)如果直接进行替换,将违背规则二,"{z：x 爱 z}"进入"∀x(Fx→p)"后,其中的自由变项 x 将不再自由。可以将"∀x(Fx→p)"改写为"∀u(Fu→p)"后再行替换。

∀u(Fu→p)

∀u({z：x 爱 z}u→梁山伯爱 y)

∀u(x 爱 u→梁山伯爱 y)

这个例句的意思是:如果 x 爱任何东西,那么梁山伯爱 y。

(4)如果直接替换,将违背规则一,"{z：∀x(x 爱 z)}"的约束变项 x 是它要替换的谓词字母

"F"的后缀;也将违背规则二,"梁山伯爱 x"进入"∀x(Fx→p)"后,其中的自由变项 x 将不再自由。可以将"∀x(Fx→p)"改写为"∀u(Fu→p)"后再行替换。

　　∀u(Fu→p)

　　∀u({z：∀x(x 爱 z)}u→梁山伯爱 x)

　　∀u(∀x(x 爱 u)→梁山伯爱 x)

　　这是一个合格的例句,意思是:如果每个东西爱任何东西,那么梁山伯爱 x。

　　(5) 如果用谓词模式提取"{z：Gxz∨Gzx }"直接替换母模式"∀x(Fx→p)"中的谓词字母"F",前者中的自由变项 x 将会被后者中的量词"∀x"所捕获而失去自由。但语句模式"∃x(Fx→p)"因不含自由变项,所以没有其中的自由变项被母模式中的量词所捕获的问题,故可以直接替换母模式中的"p"。因此只要将母模式改写为"∀x(Fx→p)"改写为"∀u(Fu→p)",即可顺利替换:

　　∀u(Fu→p)

　　∀u[{z：Gxz∨Gzx }u→∃x (Fx→p)]

　　∀u[(Gxu∨Gux)→∃x (Fx→p)]

　　2. 下面几对模式中,哪些对中的前一个是后一个的例化模式？哪些不是？

　　(1)Fz，∃xFx

　　(2)Fzy，∀xFxy

　　(3)Fyz，∀xFxy

　　(4)∀xFxx，∃y∀xFxy

　　(5)∀xFxz，∃y∀xFxy

　　答：(1)是。

　　(2)是。

　　(3)不是。"Fxy"中的"x"不论用什么别的变项字母替换,"Fxy"也不能变成"Fyz"。

　　(4)不是。"∀xFxy"中的"y"不能用约束变项字母"x"替换。

　　(5)是。

第十三章　移置规则和量化模式的前置化处理

　　将下面的模式转化为量词前置式:

　　∀x(Fx→Gx)→∀x[∃y(Fy・Hxy)→∃y(Gy・Hxy)]

　　答:此模式既可以看成是"p→∀xFx"的子模式,也可以看成是"∀xFx→p"的子模式。我们取第一种理解,用意是希望最后的结果中全称量词能排在最前面。如果照后一种理解,在运用移置规则后得到的将是存在量化式。

　　i. ∀x{ ∀x(Fx→Gx)→[∃y(Fy・Hxy)→∃y(Gy・Hxy)]}

　　此模式的基体模式"∀x(Fx→Gx)→[∃y(Fy・Hxy)→∃y(Gy・Hxy)]"当然可以看成"∀xFx→p"的子模式,但这样来处理并不符合我们希望全称量词排在最前面的心愿。因此,我们决定先处理其中的"∃y(Fy・Hxy)→∃y(Gy・Hxy)",看看能否转化为全称量词前置的模式。可以的。它可以看成"∃yFy→p"的子模式,故可以转化为"∀y[Fy・Hxy→∃y(Gy・Hxy)]",将其代入 i,得到:

ii. ∀x{∀x(Fx→Gx)→∀y[Fy·Hxy→∃y(Gy·Hxy)]}

ii 的基体模式可以看成"p→∀yFy"的子模式了。我们对它进行前置化处理并将结果代入至 ii,得到:

iii. ∀x∀y{∀x(Fx→Gx)→[Fy·Hxy→∃y(Gy·Hxy)]}

iii 的基体模式"∀x(Fx→Gx)→[Fy·Hxy→∃y(Gy·Hxy)]"可以看成"∀xFx→p"的子模式,但相当于"p"的"[Fy·Hxy→∃y(Gy·Hxy)]"中含有自由变项 x,因此不能直接应用移置规则。为此我们将"∀x(Fx→Gx)"改写成"∀z(Fz→Gz)":

iv. ∀x∀y{∀z(Fz→Gz)→[Fy·Hxy→∃y(Gy·Hxy)]}

v. ∀x∀y∃z{(Fz→Gz)→[Fy·Hxy→∃y(Gy·Hxy)]}

v 中只有一个量词"∃y"没有被前置化了。为此,我们先将"∃y"换成"∃u",并对与之对应的变项字母做相应调整,再连续两次运用移置规则,就可以了。

vi. ∀x∀y∃z{(Fz→Gz)→[Fy·Hxy→∃u(Gu·Hxu)]}

vii. ∀x∀y∃z[(Fz→Gz)→∃u(Fy·Hxy→Gu·Hxu)]

viii. ∀x∀y∃z∃u[(Fz→Gz)→(Fy·Hxy→Gu·Hxu)]

第十四章　量化模式有效性的检验方法:纯存在式方法

1. 检验下面两个三段论的有效性。

(1)前提一:所有人都会死。

前提二:所有人都有缺点。

结论:有些有缺点的东西是会死的。

(注:AAI-3)

答:前提一:∀x(x 是人→x 会死)

前提二:∀x(x 是人→x 有缺点)

结论:∃x(x 有缺点·x 会死)

令:Fx:x 是人,Gx:x 会死,Hx:x 有缺点。

前提一:∀x(Fx→Gx)

前提二:∀x(Fx→Hx)

结论:∃x(Gx·Hx)

∀x(Fx→Gx)·∀x(Fx→Hx) → ∃x(Gx·Hx)

前置化:

∀x[(Fx→Gx)·(Fx→Hx)] → ∃x(Gx·Hx)

∃x{∀x[(Fx→Gx)·(Fx→Hx)]→Gx·Hx}

∃x{∀y[(Fy→Gy)·(Fy→Hy)]→Gx·Hx}…换字母

∃x∃y[(Fy→Gy)·(Fy→Hy)→Gx·Hx]

此纯存在模式中不含自由变项,可将基体模式中的所有变项都替换为 y:

(Fy→Gy)·(Fy→Hy)→Gy·Hy

此模式是无效模式,在"Fy""Gy"和"Hy"都为假时为假。因此原三段论推理不是有效推理。

（这个三段论对传统三段论的推理规则①并无违背之处，但仍是无效的，这说明传统三段论理论是有缺失的。事实上，它不知不觉地假定了三段论中三个谓词都有适用对象。确实，如果我们在上述三段论中追加一个前提："存在着人"，就可以将它转化为一个有效推理。经过这样的追加，我们所要检验有效性的模式将是"∀x(Fx→Gx)·∀x(Fx→Hx)·∃xFx → ∃x(Gx·Hx)"，其合乎要求的前置式是"∀z∃x∃y[(Fx→Gx)·(Fx→Hx)·Fz→Gy·Hy]"，再将基体模式中的所有变项都替换为z，得"(Fz→Gz)·(Fz→Hz)·Fz→Gz·Hz"，这是一个有效模式。）

(2)前提一：雪是白的。

前提二：有些布不是白的。

结论：有些布不是雪。

（注：AOO－2）

答：前提一：∀x(x是雪→x是白的)

前提二：∃x(x是布·－x是白的)

结论：∃x(x是布·－x是雪)

令：Fx：x是雪，Gx：x是白的，Hx：x是布。

前提一：∀x(Fx→Gx)

前提二：∃x(Hx·－Gx)

结论：∃x(Hx·－Fx)

∀x(Fx→Gx)·∃x(Hx·－Gx)→∃x(Hx·－Fx)

换字母：

∀x(Fx→Gx)·∃y(Hy·－Gy)→∃z(Hz·－Fz)

前置化：

∃x∃y∃z[(Fx→Gx)·Hy·－Gy→Hz·－Fz]

此纯存在模式中不含自由变项，可将基体模式中的所有变项都替换为y：

(Fy→Gy)·Hy·－Gy→Hy·－Fy

用真值分析法很容易得出，这是一个有效模式。

2. 检验下面的说法是不是一致的。

有些选逻辑和拉丁语的学生既没有选物理也没有选古希腊语，但所有选拉丁语或化学的学生都选了逻辑和古希腊语。

（提示：检验这个说法的否定句的有效性：如果是有效的，那么原说法是不一致的；如果是无效的，那么原说法是一致的。）

答：分析该语句的结构，将论域设置为学生：

∃x(x选逻辑·x选拉丁语·－x选物理·－x选古希腊语)·∀x[(x选拉丁语∨x选化

---

① 传统三段论的推理规则有：(1)前提不能都是否定的或都是特称的。(2)如果有一个前提是否定的，那么结论也是否定的；如果有一个前提是特称的，那么结论也是特称的。(3)中项至少周延一次。(4)前提中不周延的项，结论中亦不得周延。周延性：某个谓词在某个陈述中是周延的，当且仅当如果该谓词的所有适用对象在该陈述中都有论及。具体地说，全称肯定陈述(A)中的主项是周延的，谓项是不周延的；全称否定陈述(E)中的主项和谓项都是周延的；特称肯定陈述(I)中的主项和谓项都不周延；特称否定陈述(O)中的主项是不周延的，谓项是周延的。

学)→x选逻辑·x选古希腊语]

令:Fx:x选逻辑,Gx:x选拉丁语,Hx:x选物理,Ix:x选古希腊语,Jx:x选化学。

∃x(Fx·Gx·－Hx·－Ix)·∀x[(Gx∨Jx)→Fx·Ix]

否定之:－{∃x(Fx·Gx·－Hx·－Ix)·∀x[(Gx∨Jx)→Fx·Ix]}

变换:－∃x(Fx·Gx·－Hx·－Ix)∨－∀x[(Gx∨Jx)→Fx·Ix]

∀x－(Fx·Gx·－Hx·－Ix)∨∃x－[(Gx∨Jx)→Fx·Ix]

∀x－(Fx·Gx·－Hx·－Ix)∨∃y－[(Gy∨Jy)→Fy·Iy]…换字母

∀x∃y{－(Fx·Gx·－Hx·－Ix)∨－[(Gy∨Jy)→Fy·Iy]}

将基体模式中的所有变项替换为x,得:

－(Fx·Gx·－Hx·－Ix)∨－[(Gx∨Jx)→Fx·Ix]

令:p:Fx,q:Gx,r:Hx,s:Ix,t:Jx。

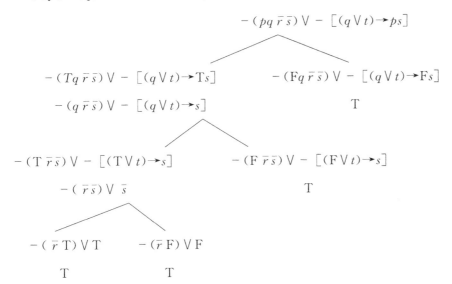

这是一个有效模式,所以否定前的模式,以及作为它例句的原语句,是矛盾的或不一致的。

(本题虽然也只涉及一位谓词,但传统三段论理论已经束手无策了。在我们这里,本题和普通三段论的解题思路却是一样的。)

3. 检验下面推理的有效性。

前提:有人爱所有人。

结论:所有人都有人爱。

答:分析前提和结论的量化结构,将论域设置为人。

前提:∃x∀y(x爱y)

结论:∀x∃y(y爱x)

令:Fxy:x爱y。

前提:∃x∀y Fxy

结论:∀x∃y Fyx

∃x∀y Fxy→∀x∃y Fyx

前置化:

∃x∀y Fxy→∀w∃z Fzw…换字母

∀w（∃x∀y Fxy→∃z Fzw）

∀w ∀x（∀y Fxy→∃z Fzw）

∀w ∀x∃y（Fxy→∃z Fzw）

∀w ∀x∃y∃z（Fxy→Fzw）

将此模式的基体模式"Fxy→Fzw"中的变项 y 和 z 替换以 w 和 x,得到以下四个模式:

Fxw→Fww···用 w 替换 y 和 z

Fxx→Fxw···用 x 替换 y 和 z

Fxw→Fxw···用 w 替换 y,用 x 替换 z

Fxx→Fww···用 x 替换 y,用 w 替换 z

其中第三个是有效模式。所以原推理是有效推理。（另外,第一个和第二个模式的析取也是有效模式。如果"Fxw"为真,那么第二个模式为真;如果"Fxw"为假,那么第一个模式为真。所以,不论"Fxw"为真还是为假,这两个模式的析取总是真的。）

第十五章　量化模式有效性的证明方法:奎因方法

1. 从(21)是矛盾的,推导出"9·16"是矛盾的。

答:以下每一步的结果都是矛盾的:

9·16·(16→17)·(17→18)···(21)

∃v[9·16·(16→17)·(17→18)]···存在量词不影响一致性或不一致(矛盾)性。

9·16·(16→17)·∃v(17→18)···关于"而且"的移置规则,因 "9·16·(16→17)"中并无"v"。

9·16·(16→17)·(17→∃v18)···关于"如果"的移置规则,因"17"中并无"v"。

9·16·(16→17)···因"17→∃v18"是有效的,所以去除之不影响一致性或不一致(矛盾)性。

∃u[9·16·(16→17)]···存在量词不影响一致性或不一致(矛盾)性。

9·16·∃u(16→17)···关于"而且"的移置规则,因 "9·16"中并无"u"。

9·16·(16→∃u17)···关于"如果"的移置规则,因"16"中并无"u"。

9·16···因"16→∃u17"是有效的,所以去除之不影响一致性或不一致(矛盾)性。

2. 用奎因方法证明下面的推理是有效的:

前提一:我喜欢任何自嘲的人。

前提二:我讨厌任何嘲笑他所有朋友的人。

结论:如果任何人嘲笑他所有朋友,那么有人不是他自己的朋友。

(提示:这是一个省略推理,尝试将省略的前提补充出来。)

答:分析前提和结论的量化结构:

前提一:∀x(x 嘲笑 x→我喜欢 x)

前提二:∀x(x 嘲笑他所有朋友→我讨厌 x)

∀x[∀y(y 是 x 的朋友→x 嘲笑 y)→我讨厌 x]

结论:∀x(x 嘲笑他所有朋友→有人不是他自己的朋友)

"任何"一词表明结论的主联结词是全称量词,而不是"如果"。

∀x[∀y(y 是 x 的朋友→x 嘲笑 y)→有人不是他自己的朋友)]

∀x[∀y(y 是 x 的朋友→x 嘲笑 y)→∃x-(x 是 x 的朋友)]

"喜欢"和"讨厌"是反义词,结合这里的具体语境,省略的可能是这样一个不言自明的前提:如果我喜欢某人,那么我就不讨厌他:

省略前提:∀x(我喜欢 x→－我讨厌 x)

令:Cxy:x 嘲笑 y,Pxy:x 是 y 的朋友,Lx:我喜欢 x,Hx:我讨厌 x。

前提一:∀x(Cxx→Lx)

前提二:∀x[∀y(Pyx→Cxy)→Hx]

省略前提:∀x(Lx→－Hx)

结论:∀x[∀y(Pyx→Cxy)→∃x－(Pxx)]

肯定前提并否定结论:

(1)∀x(Cxx→Lx)

(2)∀x[∀y(Pyx→Cxy)→Hx]

(3)∀x(Lx→－Hx)

(4)－∀x[∀y(Pyx→Cxy)→∃x－(Pxx)]

对(2)、(4)进行前置化处理:

(2)∀x[∀y(Pyx→Cxy)→Hx]

(5)∀x∃y[(Pyx→Cxy)→Hx]

(4)－∀x[∀y(Pyx→Cxy)→∃x－(Pxx)]

∃x－[∀y(Pyx→Cxy)→∃x－Pxx]

∃x[∀y(Pyx→Cxy)·－∃x－Pxx]

∃x[∀y(Pyx→Cxy)·∀xPxx]

∃x[∀y(Pyx→Cxy)·∀yPyy]…换字母

(6)∃x∀y[(Pyx→Cxy)·Pyy]…全称量化对合取的分配律

以下对(1)、(3)、(5)、(6)进行例化处理:

(7)∀y[(Pyz→Czy)·Pyy]…(6),存在例化:z

(8)∃y[(Pyz→Czy)→Hz]…(5),全称例化:z

(9)(Pwz→Czw)→Hz…(8),存在例化:w

(10)Czz→Lz…(1),全称例化:z

(11)Lz→－Hz…(3),全称例化:z

(12)(Pzz→Czz)·Pzz…(7),全称例化:z

(13)(Pwz→Czw)·Pww…(7),全称例化:w

以下证明(9)至(13)的合取是矛盾的。

(14)Pwz→Czw…(13)

(15)Hz…(14),(8)

(16)－Lz…(15),(11)

(17)－Czz…(16),(10)

(18)Pzz→Czz…(12)

(19)－Pzz…(18),(17)

(20)Pzz…(12)

(21)Pzz·－Pzz…(20),(19)

当然也可以用真值分析法来表明(9)至(13)的合取是矛盾的。此处从略。

第十六章　奎因方法的完全性和其他

继续本章中的那个说明性例化过程,增加两波特称例化和全称例化。

答:第三波存在例化:

(12)(Pvw→Cwv)→Hw…(10)

第三波全称例化:

(13)Cvv→Lv…(1)

(14)∃y[(Pyv→Cvy)→Hv]…(2)

(15)(Pvz→Czv)·Pvv…(4)

第四波存在例化:

(16)(Puv→Cvu)→Hv…(14)

第四波全称例化:

(17)Cuu→Lu…(1)

(18)∃y[(Pyu→Cuy)→Hu]…(2)

(19)(Puz→Czu)·Puu…(4)

第十七章　单独词项和"＝"

1. 证明罗素悖论"－∃y∀x(x∉x ↔ x∈y)"("不存在以不属于自身的集合为元素的集合")是逻辑真理。

答:令:Fxy:x∈y

(1)∃y∀x(－Fxx ↔ Fxy)

(2)∀x(－Fxx ↔ Fxz)…(1),存在例化

(3)－Fzz ↔ Fzz…(2),全称例化

这显然是个矛盾式。

2. 证明下面的推理是有效推理。

(1)前提一:偶数的平方是偶数。

前提二:6是偶数。

结论:6的平方是偶数。

答:前提一:∀x(x是偶数的平方→x是偶数)

∀x[∃y(y是偶数·x是y的平方)→x是偶数]

前提二:z是偶数

结论:∀x(x是z的平方→x是偶数)

令:Fx:x是偶数,Gxy:x是y的平方。

前提一:∀x[∃y(Fy·Gxy)→Fx]

前提二:Fz

结论:∀x(Gxz→Fx)

肯定前提并否定结论:

(1)∀x[∃y(Fy·Gxy)→Fx]

(2)Fz

(3)－∀x（Gxz→Fx）

前置化处理：

(4)∀x∀y［（Fy·Gxy）→Fx］

(5)Fz

(6)∃x－（Gxz→Fx）

例化：

(7)－（Guz→Fu）…(6)，存在例化

(8)∀y［（Fy·Guy）→Fu］…(4)，全称例化

(9)（Fz·Guz）→Fu…(8)，全称例化

用真值分析法检验(5)(7)(9)的合取，发现它们是矛盾的。

(2)前提：镭的发现者也发现了钋。

结论：有人发现了镭和钋。

答：令：Fx：x发现了镭，Gx：x发现了钋，y：镭的发现者；论域为人。

前提：Gy

摹状前提：Fy

结论：∃x（Fx·Gx）

肯定前提并否定结论：

(1)Gy

(2)Fy

(3)－∃x（Fx·Gx）

前置化处理：

(4)Gy

(5)Fy

(6)∀x－（Fx·Gx）

例化：

(7)－（Fy·Gy）

(4)(5)和(7)这三者显然是矛盾的。

附录三　专业术语索引

出版后记

我最早意识到逻辑的重要性,是我上大一的时候(1983—1984 年)。那时我对马克思主义哲学中的一些概念,比如必然性、矛盾、否定之否定、真理的相对性和绝对性等等,感到了困惑。我隐隐约约地感到逻辑也许可以帮助我澄清这些问题。当时我在图书馆里找来一本逻辑书来读,但根本就没能读进去。再后来,我接触到了西方哲学中的逻辑分析学派。我羡慕这个学派的清晰和精确的学术风格,但苦于不懂逻辑而只能在其外围打转,并不能真正进入其中。我因此读了更多的逻辑书,但效果并不理想。这种情况直到美国著名哲学家奎因(1908—2000)进入我的视野才有了改观。他原先主要是一个逻辑学家,也是向普通读者介绍现代逻辑的最早一批作家之一。后来他在哲学界的名声越来越大,但仍一直热衷于向公众传播和教授现代逻辑。他的书,特别是《基本逻辑》(Elementary Logic)和《逻辑方法》(Methods of Logic),我看了一遍又一遍。我的逻辑知识,可以说几乎完全得自于他。

写一本通识性的逻辑读物,是我长久以来的一个夙愿。呈现在读者面前的这本小书,可以看作是我长期学习和钻研逻辑的一个总结。我希望这本书能对像我当年一样对逻辑有兴趣但不得其门而入的读者有帮助。著名逻辑学家、阳明大学教授、我的好友王文方先生说我这本书是奎因在中国的代言作品。对此我是不敢当的,但我在主观上确实希望能借此书将奎因对现代逻辑的基本概念和基本技术的贡献介绍给中国的读者。

值此书付印之际,我要特别感谢王文方先生。他对初稿进行了逐字逐句、一丝不苟的审读,改正了其中的很多错误,并提出了很多宝贵的意见。我还要感谢我从前的学生丁晓军、张子婷和杨博文同学,他们在版式和符号统一方面做了很多工作,而且在阅读过程中也帮我发现了几处错误。我还要感谢我现在的学生潘丹丹和段玲玲同学在我写作过程中所给予的鼓励,她们还合作译出了此书的英文本。最后,我要感谢美国加州州立理工大学哲学教授、长期致力于东西方学术交流事业的丁子江先生。他和我是北大校友,相识于本世纪初并一见如故。由于他的竭诚帮助,终于使这本书的中文版和英文版得以和读者见面。

翟玉章

2020 年 5 月 11 日